外国金融制度系列丛书

巴西金融制度

主　编　杨承亮
副主编　薛路遥

中国金融出版社

责任编辑：王慧荣
责任校对：孙　蕊
责任印制：张也男

图书在版编目（CIP）数据

巴西金融制度/杨承亮主编 . —北京：中国金融出版社，2019.7
（外国金融制度系列丛书）
ISBN 978 – 7 – 5220 – 0142 – 5

Ⅰ.①巴…　Ⅱ.①杨…　Ⅲ.①金融制度—研究—巴西
Ⅳ.①F837.771

中国版本图书馆 CIP 数据核字（2019）第 124963 号

巴西金融制度
Baxi Jinrong Zhidu

出版
　　　　中国金融出版社
发行

社址　北京市丰台区益泽路 2 号
市场开发部　　（010）63266347，63805472，63439533（传真）
网 上 书 店　http://www.chinafph.com
　　　　　　　（010）63286832，63365686（传真）
读者服务部　（010）66070833，62568380
邮编　100071
经销　新华书店
印刷　保利达印务有限公司
尺寸　169 毫米×239 毫米
印张　13.5
字数　188 千
版次　2019 年 7 月第 1 版
印次　2019 年 7 月第 1 次印刷
定价　45.00 元
ISBN 978 – 7 – 5220 – 0142 – 5
如出现印装错误本社负责调换　联系电话（010）63263947

《欧盟金融制度》编写组

组 　长：何建雄　朱　隽

副组长：郭新明　王　信

组稿人：林　苒　刘　晔　王　倩　朱　锦

执笔人：陈　佳　王正昌　蒋先明　樊石磊　任　哲　张朝阳

　　　　唐露萍　韩婉莹　薛宇博　吴　玓　肖　娜　舒　林

　　　　刘　蔚　程　璐　连太平

《英国金融制度》编写组

组 　长：吴国培

副组长：杨少芬　赵晓斐

执笔人：张　立　黄　宁　杨秀萍

《澳大利亚金融制度》编写组

组 　长：何建雄　冯润祥

副组长：陆　屹

执笔人：郑朝亮　刘　薇　李良松　陈　华

《海合会国家金融制度》编写组

组　长：高　波

副组长：李　宁　夏　勇

执笔人：吴　达　郭　莉　冶玉龙　孙秋实　刘　侃　倪全学
　　　　金泽芬　王进会　卢瑞亮　付　静　李　印　李冰倩
　　　　张亚茹　白　萍　贺妍秋　张　锋　于　磊　马春晖
　　　　吉　洁

《南非金融制度》编写组

组　长：刘明志

副组长：程　军　王文彬　张进国　李　峰　刘全雷　王昌盛
　　　　陨卫华

统稿人：何　华　彭　陶　易明霖

执笔人：何　华　焦　苊　李文俊　李智贤　彭　陶　屈蕾郁
　　　　孙　亮　陶元良　王翰涛　徐佳佳　徐延子　杨　博
　　　　杨兢生　姚　磊　易明霖　张世民

《巴西金融制度》编写组

组　长：杨承亮
副组长：薛路遥
执笔人：郭玉嘉　贾　然　江靖雯　蒋　雯　刘建新　马思民
　　　　曹　嬿

出版说明

20 世纪 80 年代，我国实施改革开放的国策，如何借鉴国外先进理念和技术，更好更快地发展我国经济，是摆在各行各业面前急需解决的问题。在这种形势下，中国金融出版社及时组织出版了一套《资本主义国家金融制度丛书》，为研究和推动我国金融体制改革提供了可供借鉴的宝贵资料，受到了经济金融界的广泛赞誉。岁月变迁，当今各国金融制度也处于不断的变革中。中国金融出版社因时制宜，发挥专业优势，精心论证，积极策划，邀请具有深厚理论素养和从业经验的专业人士编写，现推出新的"外国金融制度系列丛书"。

本系列丛书包括《美国金融制度》《日本金融制度》《欧盟金融制度》《英国金融制度》《澳大利亚金融制度》《海合会国家金融制度》《南非金融制度》《巴西金融制度》等，从发展历史、中央银行与货币政策、金融市场、金融监管、危机应对等方面，力求从多角度、多侧面、立体地描述各国金融制度的基本构成、特征和发展趋势，尤其对 2008 年国际金融危机后各国金融制度的新变化进行了较为详细的论述。本系列丛书内容简明扼要、客观准确、权威可读，既适合国内外学界研究人员阅读和使用，也适合对经济金融问题感兴趣的一般读者，是较好的学习和研究资料。我们希望，该系列丛书的出版能够在向读者呈现各国金融制度全貌的基础上，对我国金融体系的发展和完善提供借鉴。

在本系列丛书的策划和撰写过程中，我们得到了中国人民银行国际司原司长何建雄、现司长朱隽的热心帮助和指导，得到了国际司研究处、国际清算银行处和海外代表处各位同仁的强力支持，在此一并表示感谢！

目 录
Contents

第一章

金融体系概览

第一节　巴西政治经济背景

　　1882 年巴西独立后，延续了殖民时期的社会经济结构，一直到 20 世纪 20 年代都是以种植咖啡和橡胶为主的单一农业经济国家，当时被称为"咖啡经济"。20 世纪 20 年代，巴西主要产业为纺织品业，同时新兴产业如化工、冶金和烟草出现了大幅增长，呈现出产业多元化趋势。第二次世界大战后，巴西政府通过出口替代实现工业化，以循序渐进的政策措施，改变了整个国家的经济结构，工业部门规模扩张超过 3 倍，工业化的发展为巴西国民经济带来了高速发展。20 世纪 60 年代，巴西经济失去了增长动力，1961 年以后经济陷入停滞；为推进经济发展，政府出台了税收激励、信贷补贴、克鲁塞罗不定期小幅贬值等政策以刺激出口增长。1968 年起巴西经济开始高速增长，1968－1973 年的年均 GDP 增速达到了 11.3%，被称为"巴西奇迹"；1973 年石油危机后，巴西为继续保持原有较高的经济增长率，巨额贸易赤字、高额贷款利息和费用偿付造成巴西外债激增，1980 年滑向债务危机。20 世纪 80 年代中期开始，巴西出现经济停滞和恶性通货膨胀，经历了"迷失的十年"。1994 年，巴西通过实施"雷亚尔计划"，高通货膨胀得以有效控制，经济开始逐渐复苏。2003 年，卢拉政府上台后致力于推行经济发展和社会公平，推行的"零饥饿计划"和"社会保障体系改革"等正统宏观经济政策赢得了国际金融界认可。

　　巴西的经济发展主要经历以下几个阶段，不同阶段取得的成就不一，路径也各不相同。

一、殖民时代

16 世纪初至 19 世纪 20 年代，葡萄牙对巴西进行了长达 300 余年的殖民统治，葡萄牙的殖民统治对巴西经济、政治、社会和文化产生了深远影响。在被殖民期间，巴西是主要以出口初级产品为主的单一商品经济，成为宗主国原料产地和产品销售市场，按照出口产品的兴盛顺序，巴西先后经历了红木（Brasil）、蔗糖、矿业和咖啡四个经济周期。

红木经济周期始于 16 世纪初，红木作为当时红色染料的重要原料，非常稀有且价值不菲，被誉为"绿色金子"，巴西国名正源于此。但是采集红木是一项十分初级的工作，无法创造太多的永久聚居区域和行业发展机会。

蔗糖经济周期大致从 16 世纪中叶到 17 世纪 90 年代，蔗糖主要产自巴西东北部潮湿的沿海地区，当地人称之为"丛林地区"，除了优越的种植条件外，东北部还拥有便利的海运条件，方便将货物运往欧洲和从非洲运来奴隶。甘蔗种植的迅速扩张将"丛林地区"变成了单一作物地区，到 17 世纪上半叶，巴西已经成为世界最大的蔗糖供应国，蔗糖的出口给不同人群带来了丰厚利润，包括农场主以及从事销售、融资、运输和奴隶贩卖的人群。随着 17 世纪结束，各国蔗糖供应不断增加，加上巴西东北内陆地区农业组织形式落后，种植园的生产技术和基础设施并未得以改善，蔗糖出口繁荣逐渐消退。

17 世纪 90 年代，人们在如今的米纳斯吉拉斯州发现了金矿，巴西经济由此进入矿业经济周期，持续了近一个世纪。金矿的发现聚集了大量淘金移民，随着当地黄金产量稳步增长，巴西经济中心由东北部转移到了中南部地区。米纳斯吉拉斯州的采矿业拥有很强的拉动效应，城镇和采矿中心对食物的需求刺激了农业生产，并带动了包括今日圣保罗州的发展，使之成为主要港口之一。随后，巴西主要商品交易所、金融机构和其他各类服务行业纷纷云集于里约热内卢，葡属巴西殖民地的行政中心终于在 1763 年从萨尔瓦多迁至了里约热内卢。

19 世纪，在英国主导的世界经济秩序中，用工业制品从外围国家换取食物和原材料。巴西也成为典型的此类国家，依赖于初级出口产品，如咖啡、蔗糖、棉花、可可和橡胶等。其中，在 19 世纪的大部分时间内，咖啡出口业成为巴西经济增长的主要推手，19 世纪下半叶，咖啡经济转移至圣保罗州。圣保罗州咖啡经济的拉动效应——雇用自由移民劳动力、外资投资基础设施、咖啡种植者积累资本及衍生品发展——逐渐加深了巴西中南部与其余地区之间的地区分化。

二、工业增长及工业化发展

巴西早期工业增长的基本力量是建立在自由劳工移民基础上的咖啡繁荣。在种植园主和外国资本支持下，旨在支持咖啡业发展的基础设施投资（铁路、电站等）大量涌现，为本地工业生产的增长创造了条件，并且逐渐为本地生产的零部件创造了需求。咖啡及咖啡相关行业雇用了大量移民，也为廉价的消费品提供了巨大市场。

巴西在 19 世纪 40 年代上调了关税，到 1844 年时，进口关税平均税率达到了商品价格的 30% 以上，一方面增加了巴西政府收入，另一方面对国内企业发展起到了保护作用。同时，巴西对民族企业所使用的原材料及机器进口提供关税减免政策，促进了巴西国内纺织品、服装、肥皂、啤酒、铸造业、玻璃器皿和皮革制品等行业的发展。到 1905 年，巴西的棉纺织生产量较 1885 年增长了十余倍，且在之后的十年内产出翻番。

第一次世界大战时，巴西工业出现了大幅下滑，运输中断导致巴西难以进口提高产能所必需的资本品，但恰恰促进了战前食品和纺织品产能利用率的提高，以供给国内市场。

20 世纪 20 年代巴西经济的活力，根植于蓬勃发展的咖啡出口业，1924 年咖啡在巴西出口业的份额达到 75% 以上。虽然纺织业生产增长极为缓慢，但其他产业均出现了迅速增长，如化工、冶金、烟草等。20 世纪 20 年代的产业多元化，主要是基于三个方面原因：一是第一次世界大战前存在的维修厂在战争期间扩大了经营范围，战后将利润再投资以提高产能；二是外资进入水泥、钢铁及其他耐用消费品行业；三是政府对新兴企业提供了如进口设备免税、保障利率贷款等特别支持。

1919 年巴西的工业机构主要以轻工业为主，纺织品、服装、食品、饮料和烟草占工业产出的 70%。到 1939 年这些产业比重缩减至 58%，而金属、机器和电子产品的比重出现了显著增长，这对工业成为巴西经济的主导力量起到了促进作用。到 20 世纪 30 年代末，巴西已经出现强烈工业化特征。

第二次世界大战前，巴西出口商品结构单一，集中在为数不多的初级产品上，如咖啡、可可、蔗糖、棉花和烟草。与之形成对比的是，巴西进口产品的结构种类多样化，且每个产品类别在进口产品总量中占相当大的比重。第二次世界大战后，巴西政府大力推动进口替代化政策，制成品的进口份额下降而原材料（如石油和煤炭）、有色金属、金属加工机械等占比增加。巴西经济结构也出现了变化，传统工业（纺织、食品和服装）相对出现下降，而运输设备、机械、电气设备和化工品等重要的进口替代产业则出现了显著增长。工业扩张给国民经济发展带来了直接影响，1947 - 1962 年，巴西年均实际产值增长率超过 6%，在工业化发展最快的 1956 - 1962 年，年均实际产值增长率达到 7.8%。

三、从停滞、繁荣到债务危机

20 世纪 60 年代，巴西经济失去了增长动力，实际 GDP 增长率从 1961 年的 10.3%，陆续下滑至 1962 年的 5.3%、1963 年的 1.5%，直到 1964 年才恢复上涨至 2.4%。1964 年新上台的军政府致力于控制通货膨胀、消除日渐累积的价格上涨、推进资本市场现代化、吸引外资等政策复苏经济，并视出口的高速增长和多元化为经济长期发展不可或缺的部分。巴西采取了如取消出口税、简化出口行政手续、出口税收激励和信贷补贴政策等一系列政策，同时为避免货币高估，1968 年出台了爬行钉住货币政策，对克鲁塞罗进行频繁、不定期的小幅贬值。1968 年起巴西经济开始实现高速发展，1968 - 1973 年的平均 GDP 增速达到 11.3%，被称为"巴西奇迹"。

1973 年 11 月爆发的石油危机让石油价格增长了两倍，当时巴西 80% 的石油消费需求依赖进口，导致进口开支总额激增。此时，面对石油危机，巴西有两条路可走：一是大幅放缓经济发展，减少石油进口量；二是维持较高的经济增长率。巴西政府选择了后者。巴西政府制定了由大型投资计划构成的"第二个国家发展计划"，经济增长的选择产生了巨额的贸易赤字、高额贷款利息和费用偿付，导致经常账户赤字在1973年后大幅增长，巴西外债总额激增。1979年第二次石油危机导致巴西贸易条件严重恶化，国际利率大幅上涨使外债成本增加，同时国际上逐步取消对出口的财政和信贷补贴政策，多种内外因素最终导致巴西滑向债务危机。

四、迷失的十年

20世纪80年代被称为巴西"迷失的十年"，债务危机引发了经济危机和政局动荡，"巴西奇迹"戛然而止。1981–1990年巴西人均GDP有5年出现负增长，巴西也陷入频繁的政权更迭。为了抑制高通货膨胀、稳定经济，政府采取了一系列计划，如"克鲁扎多计划""新克鲁扎多计划""布雷塞尔计划""夏季计划""新反通货膨胀计划"等，但效果不甚理想。这些努力全部失败的原因之一在于没有加入有效的财政调整要素，且赤字仍由中央银行负担，导致通货膨胀持续存在。

五、"雷亚尔计划"和通货膨胀终结

1993年，费尔南多·恩里克·卡多佐着手制订一项全新的稳定计划，颁布了一项新的财政紧缩计划，名为"即刻行动方案"，该计划的主旨在于削减政府支出、收紧税务征缴、解决与各州政府之间的财政关系、打击逃税行动等，并逐步推进新币种过渡的新指数化系统，包含名为"实际价值单位"（Unidade Real de Valor，UDV）的指数，与美元按1:1汇率挂钩，随着以UDV为单位报价的价格所占比例日渐庞大，1994年7月巴西政府推出了新币种雷亚尔（Real）。"雷亚尔计划"早期成效积极，经济增速颇为可观，通货膨胀得以遏制，企业收支也得到改善。

在完成初步且十分有限的财政调整后，政策制定者们只能依赖高汇率维持价格稳定，若要永久、可持续性地控制通货膨胀，需要实施更为彻底的财政政策，而这种调整需在宪法层面进行根本性的，且在政治层面上具有争议性的修改，短时期内无法实现。继续通过高汇率抑制通货膨胀也造成了贸易收支显著恶化，政府不得不以越来越高的利率举债，结果反而加剧了财政情况的恶化，破坏了投资者信心。

1997 年亚洲金融危机和接踵而来的 1998 年俄罗斯金融危机的爆发，令"雷亚尔计划"的矛盾变得更加尖锐，巴西外汇储备总额急剧下跌，投资者资本撤出。虽然国际组织同巴西推出了一揽子"护盘"计划，但中途改革的挫折及政局动荡，高利率已无法阻止资本外流。1999 年巴西不得不允许汇率自由浮动，汇率由此暴跌 40%。

整个 1999 年，巴西政府先后采取了若干措施，以期达到国际货币基金组织在 1998 年巴西危机期间，作为同意放款给巴西的交换条件而提出的初级预算盈余要求。

六、正统经济与社会发展

2003 年卢拉总统上台时有两大目标：一是施行足够正统的宏观经济政策以赢得国际金融界的认可；二是实现更大程度的社会经济公平。卢拉上台后延续上届政府的紧缩性财政政策和货币政策，以及国有企业私有化、贸易自由化和金融自由化的政策，并实施社会保障体系改革，使巴西经济保持了较高的增长率，恶性通货膨胀得到抑制，对外贸易大幅增长。虽然卢拉政府在继承沿用上届政府的市场主导政策上表现出色，并因此获得了国际金融界的高度评价，但却以牺牲重要社会指标的实现为代价，如降低失业率、提高实际工资以及促进收入和资产的公平分配。

第二节　巴西金融业的历史演变

20 世纪 90 年代前半期，巴西金融业遭受了较大损失，到 90 年代后半期，金融业产值的增长成为一种常态，但其年均增长率呈现出较大的波动性，一直到 2005 年巴西金融业恢复增长（除 2008 年受国际金融危机影响增长缓慢）。按照当前价格计算，2017 年，巴西金融和保险服务业产值达到 4,490.15 亿雷亚尔，相较 2015 年同比增长 23%。

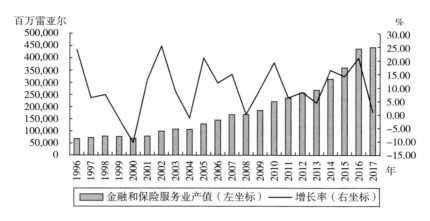

数据来源：IBGE。

图 1.1　巴西金融和保险服务业产值及年均增长率

20 世纪 80 年代和 90 年代巴西受国内较高通货膨胀的影响，抬高了金融业占 GDP 的比重，随着 1994 年价格的稳定，该比值逐渐回归到较为合理的水平。在过去 20 年的时间里，巴西金融业占 GDP 的比重略显波动（见图 1.2）。金融业占 GDP 的比重自 1996 年的 8.11% 降低到 2000 年的 5.88% 后，逐渐恢复并稳定保持在 6% 以上，直至 2008 年国际金融危机爆发后，该比例回落至 5.49%。随后的年份里，虽然逐渐得到恢复，但基本保持在 5% ~ 6%，到 2015 - 2017 年基本恢复到金融危机之前的水平。2017 年巴西金融业产值占 GDP 的比重为 6.84%。

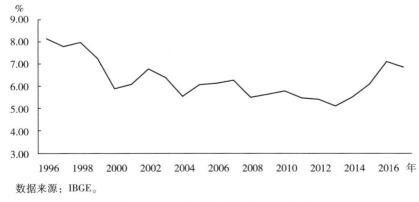

数据来源：IBGE。

图 1.2　巴西金融业产值占 GDP 比重

7

从 1978 年至今，巴西金融机构的数量有明显的下降趋势（见图 1.3）。除了由于 20 世纪 90 年代之外，随着"雷亚尔计划"的实施，中央银行的金融监管职能进一步加强，金融机构加强了内部管理，精简机构设立，裁减冗员，从而降低了成本，提高了自身的竞争力和对新经济环境的适应能力，一部分金融机构被清理或兼并，金融机构数量呈现小幅下降趋势。

同时，金融机构数量的减少趋势还体现在各个类型上，也体现了金融行业经历的显著兼并过程。市场兼并的两个过程有着不一样的逻辑，第一阶段的兼并过程主要是由于在前几十年的高通货膨胀背景下，金融业过度发展，一旦通货膨胀下降，很多金融机构无力偿债，同时还受到国有银行私有化的推动，引入了大量外资进入金融业；第二阶段的兼并过程，更多的是金融机构出于获取更多市场份额并提高经营规模的需要。

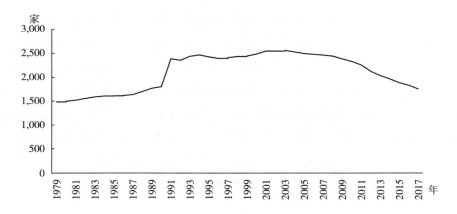

数据来源：巴西中央银行。

图 1.3　巴西金融机构总数量变化趋势

20 世纪 60 年代至 90 年代中期，外资银行依据对等原则进入巴西，外资银行必须服从巴西政府的各种限制措施，包括不能从事储蓄和贷款业务、投票权和股份比重分别不能超过 33.5% 和 50% 等的规定。1995 年底，为强化行业竞争，化解与消除金融业不良资产，吸引更多外资参与巴西银行业的兼并与收购，巴西政府取消了对外资银行在投票权和股份比重上所实施的限制，为外资银行的进入敞开了大门。但为了控制金融机构数量的增加、推动银行业向扩大资产规模的方向调整，巴西政府对新开设银行的资本进入方式作出规定，要求所有在巴西开设新的银行分支的外资金融机构，必须通过兼并或收购现有的经营不良的银行，以联合方式控股，进行资本扩张。内资银行的数量占比从 1990 年的 71% 下降至 2017 年的 42%，而外资参控股银行数量占比从 1990 年的 20% 增长至 2017 年的 47%（见图 1.4）。

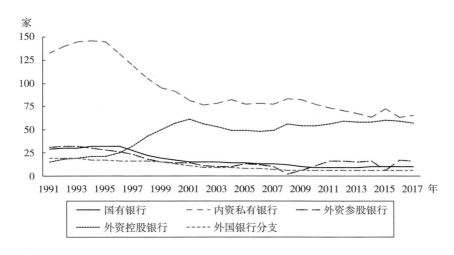

资料来源：巴西中央银行。

图 1.4　按资本结构划分的巴西银行业数量变化

第三节　巴西金融体系概况

形成于 20 世纪 60 年代的巴西现行金融体系是以中央银行为领导、商业性金融机构为主体、政策性金融机构为补充的有机整体。20 世纪 70 年代至 80 年代，金融机构的竞争导致了银行间的合并，分业经营模式被打破，出现了一些大的多功能性银行，这种混业经营体制在 1988 年得到政府的正式确认，从而多功能性银行的业务范围扩展到存贷款之外的与证券、租赁、保险、养老金等相关的各种金融服务。20 世纪 90 年代后半期，外资银行加快其在巴西的兼并和收购，巴西银行业的竞争日益加剧，银行系统呈现出国有银行、内资私有银行、外资参控股银行"三足鼎立"的格

9

局。截至 2017 年底，巴西中央银行共监管 1,700 多家金融机构，包括多功能性银行、商业银行、储蓄银行、开发和投资银行、消费金融公司、经纪公司、租赁公司、房地产贷款合作社、储贷协会、信贷联盟等。

无论在规模、多样性上还是深度开发上，巴西金融体系日渐完善，在过去的十几年内，得益于稳定的国内经济环境，巴西金融部门的资产增加了一倍还多。金融证券及衍生品市场快速发展，来自国内和国际机构投资者的资金源源不断地流入巴西金融市场。

一、金融机构

巴西金融机构以商业性金融机构为主体、政策性金融机构为补充。商业性金融机构包括商业银行、投资银行、储蓄银行，以及租赁公司、保险公司、证券公司等非银行金融机构。其中，商业银行专营短期贷款；投资银行专营中长期贷款，同时发行存单，认购有价证券，管理担保债券和互助基金等；储蓄银行主要吸收储蓄存款，发放住房贷款，发行不动产抵押债券，管理企业雇员保险基金，提供消费信贷等；政策性金融机构主要由国有开发银行组成，是政府控制信贷供应、优先发展项目筹措资金的有力杠杆。随着金融业发展，巴西商业银行业务逐步向综合化、国际化发展，分工逐步淡化。

按照金融机构的特点可将其分为五类，第一类是货币金融服务，主要包括货币银行，如多功能性银行、商业银行、储蓄银行等，以及非货币银行，如信贷联盟、消费信贷公司等，其中，多功能性银行按所有权分类，可分为联邦政府所有银行、州政府所有银行、内资私有银行和外资参控股银行；第二类是资本市场服务机构，如证券经纪公司、外汇经纪公司、证券承销公司和投资银行等，不直接参与货币创造过程，资金来源渠道多样，专业化程度高，主要业务集中于有价证券等金融市场领域，对金融资产价格变动敏感，是巴西金融体系的重要组成部分；第三类是保险公司，包括人寿保险公司、财产保险公司、综合性保险公司和再保险公司等；第四类是资产管理公司，包括投资基金管理公司、养老基金管理公司和开放式养老基金等；第五类是其他金融机构（见图 1.5）。

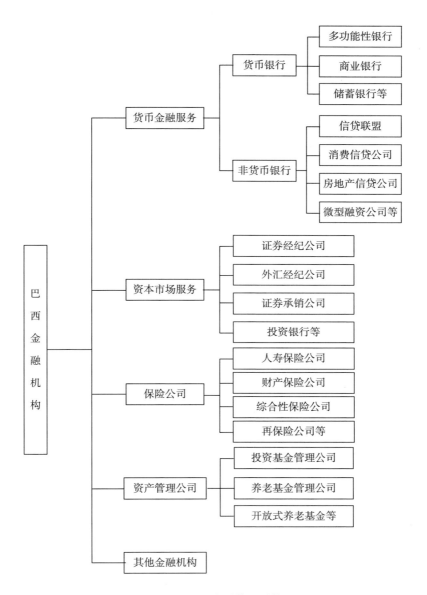

图 1.5 巴西金融体系结构

金融机构资产主要集中在国有金融公司和内资私营公司，2016 年该部分占比合计超过 85%；按类型划分，总资产主要集中在多功能性银行、商业银行、储蓄银行，信贷联盟和其他融资机构虽然机构数量较多，但资产在整个金融体系中占比较低（见表1.1）。

表 1.1　2016 年巴西中央银行体系下金融机构的资产情况

单位：家、亿美元、%

类型	数量	总资产	占比	现金及流动资产	占比
按所有权					
国有金融公司	30	11,582.94	45.53	77.90	33.98
内资私营公司	1,344	10,147.32	39.89	116.70	50.90
外资控股公司	81	3,708.89	14.58	34.66	15.12
按类型					
含商业部门的多功能性银行、商业银行、储蓄银行	95	21,508.34	84.56	221.86	96.77
无商业部门和投资银行的多功能性银行	35	339.14	1.33	1.87	0.81
信贷联盟	1,055	679.18	2.67	4.14	1.81
开发银行	4	2,740.77	10.77	0.02	0.01
非银信贷机构	110	143.13	0.56	0.56	0.24
非银资本市场机构	155	28.59	0.11	0.82	0.36
按是否为集团					
集团金融机构	78.00	17,189.59	67.57	187.61	81.83
独立金融机构	1,377.00	8,249.56	32.43	41.65	18.17

注：按 1 美元 = 3.2591 雷亚尔计算。

数据来源：巴西中央银行。

二、金融市场

金融市场是巴西资金供应者和资金需求方通过信用工具进行交易以实现资金融通的市场，是实现货币借贷和资金融通、办理各种票据和有价证券交易活动的市场。一般而言，金融市场包括货币市场和资本市场，其中，货币市场指一年以下的短期资金融通市场，如同业拆借、票据贴现、短期债券及可转让存单等；资本市场主要供应一年以上的中长期资金，如股票与长期债券的发行和流通。

经过几十年的发展，巴西从银行为主导向市场发展，成为层次清晰、总量庞大、活动活跃的金融市场。巴西的资本市场主要包括股票市场、债券市场、基金市场、金融衍生品市场和外汇市场等。其中股票市场和期货市场占据了非常重要的地位，圣保罗证券交易所（BOVESPA）是巴西最大的证券交易市场，巴西商品期货交易所（BM&F）是唯一的衍生品交易所，交易品种包括商品期货、金融期货和期权，2008 年这两个交易所合并为巴西证券期货交易所（BM&F BOVESPA），已经成为全球最大的证券交易所之一，不仅是西半球的第二大证券交易所，同时也是拉丁美洲最大的证券交易所。

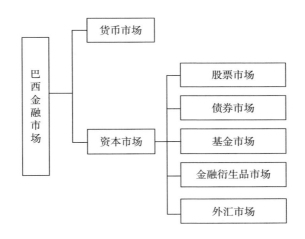

图 1.6　巴西金融市场结构

三、货币政策和宏观调控

巴西采取通货膨胀目标制，是新兴市场国家中最早实行此类货币政策框架的国家之一。1999 年 7 月 1 日，为应对当时的金融危机，防止通货膨胀反弹，巴西正式启用通货膨胀目标制。巴西国家货币委员会负责制定未来两年的通货膨胀目标和容忍区间；巴西中央银行通过货币政策来实现既定的通货膨胀目标。由中央银行货币政策委员会（COPOM）设定政策利率（SELIC 利率，即银行间隔夜国债抵押贷款利率）的目标水平或调整方向，公开市场操作部（Demab）通过市场交易，使隔夜 SELIC 利率尽量接近

COPOM 设定的目标。如果通货膨胀目标未能实现，巴西中央银行行长要向财政部长致公开信，解释其原因，阐明将要采取的措施，以及这些措施的预计生效时间。2006 年至今，巴西的通货膨胀目标为 4.5%，容忍区间为上下 2%，从货币政策执行效果来看，实际通货膨胀水平均落在 2.5% ~ 6.5% 的容忍区间内。

四、金融监管

巴西在 20 世纪 60 年代依据当时的美国模式建立了现代金融监管体系，修订了相关法律，颁布了第 4595 号文件，正式确立了金融改革法，确定了由以国家货币理事会、巴西中央银行、巴西银行、经济和社会发展国家银行以及所有其他国有和私有金融机构为主体的巴西金融体系[1]。现代的巴西金融监管体系以 CMN 作为最高监管机构，下设巴西中央银行、证券交易委员会（CVM）、私营保险监管局（SUSEP）、国家养老金秘书处（SPC），以分业管理为主，兼有混业管理。政府债券不包括在《证券法》的第 2 条中，因此中央银行负责监管政府债券的发行、销售和投资者保护行为。

2008 年国际金融危机后，巴西开始对现有的金融监管体系进行微调，同时成立了补充养老金监管局（PREVIC，隶属社会保障部），替代原来监管机构 SPC。2010 年，在原来的金融、证券、保险和补充养老金监管委员会（COREMEC）的基础上成立了 COREMEC 的附属委员会（SUMEF），以监测国家金融系统的稳定性。2011 年 5 月，设立金融稳定委员会（COMEF），该委员会虽无实权，但扮演着顾问角色，有效识别、监测系统性风险的来源，为缓解系统性风险制定相关政策（见图 1.7）。

---

① 洪昊，葛声．"金砖四国"金融监管体系改革和合作研究［J］.金融发展评论，2011（6）：77–83.

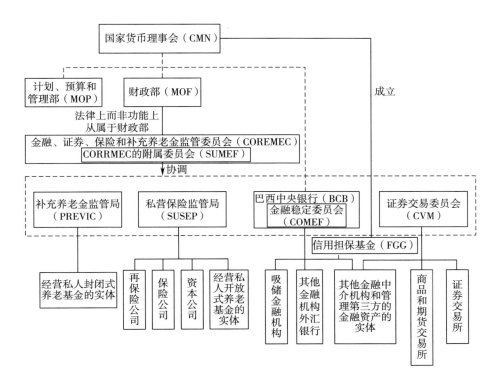

图 1.7 巴西金融监管体系

第二章

金融机构

第一节　概述

巴西是拉丁美洲第一经济大国，伴随着经济发展，巴西金融体系不断完善，在过去十几年内，金融部门的资产增加了一倍，金融业务呈多元化发展，证券和衍生品市场不断扩展，公共债务结构更具弹性，私人债券市场也更具活力。目前巴西的金融机构体系较为健全，由银行、证券、保险、租赁、投资与资产管理以及其他金融机构组成。

巴西现代金融体系是 20 世纪 60 年代中期按照美国的标准建立的。按照当时的法律法规，巴西金融业实行银行业和证券业分业经营，然而在实践中，各金融机构的业务界限远没有法律规定的那么清晰。进入 20 世纪七八十年代，金融机构的竞争导致收购和兼并浪潮的兴起，"国家金融体系的机构会计计划"的实施统一了会计标准，并引进了混业经营模式。

表 2.1　2013－2017 年巴西金融机构数量变化　　　单位：家

类型 ＼ 年份	2013	2014	2015	2016	2017
银行机构	177	174	174	176	174
多功能性银行	132	130	132	133	132
商业银行	23	22	21	21	21
开发银行	4	4	4	4	4
储蓄银行	1	1	1	1	1
投资银行	14	14	13	14	13
外汇银行	3	3	3	3	3

类型 \ 年份	2013	2014	2015	2016	2017
非银行机构	1,839	1,769	1,689	1,633	1,560
消费金融公司	58	55	53	53	56
证券经纪公司	93	92	87	79	75
交易所经纪公司	62	66	63	63	61
安全分销公司	116	108	102	101	95
租赁公司	29	27	27	25	24
房地产信贷公司和储蓄贷款协会	11	9	8	4	3
小额融资机构	38	40	40	38	38
发展机构	16	16	16	16	16
抵押贷款公司	8	7	8	9	7
支付机构	—	—	—	1	6
信贷联盟	1,209	1,163	1,113	1,078	1,023
联盟经理	199	186	172	166	156
总计	2,016	1,943	1,863	1,809	1,734

数据来源：巴西中央银行。

第二节　银行业金融机构

在拉丁美洲各国中巴西的银行业最为发达，银行业金融机构主要由商业银行、储蓄银行、投资银行、信贷联盟和其他存款类金融机构组成，其中信贷联盟虽然数量较多，但资产在金融体系中所占比例不大。

一、银行业金融机构种类

（一）商业银行

巴西的商业银行专营短期贷款，按照产权机制可以分为国营、私营和外资三种，机构众多，业务发达。巴西银行（Banco do Brail，简称BB）是巴西国营银行中规模最大的商业银行，在巴西银行业具有独特地位，除经营各种商业银行业务外，还充当中央银行的代理机构，保存商业银行准备金，代理国库，充当联邦预算的支付者和联邦政府的存款银行，负责指导信贷、管理公债，还是国外债务的接受者和支付者。

按照银行体系规模进行划分，可以分为大型银行、中型银行、小型银行和微型银行，2013－2017年巴西商业银行数量变化如表2.2所示。

表2.2　2013－2017年巴西银行数量变化（按资本结构分类）

单位：家

银行类型 ＼ 年份	2013	2014	2015	2016	2017
公有银行	9	10	10	10	10
私有银行	146	143	144	145	144
私人	67	63	72	63	65
国家	15	16	6	17	16
有外资参与	58	58	60	59	57
外国控制	6	6	6	6	6
总计	155	153	154	155	154

数据来源：巴西中央银行。

（二）储蓄银行

巴西联邦储蓄银行（Ia Caixa Economical Federal，简称CEF）是拉丁美洲最大的国有金融机构之一，也是巴西最大的国有全资商业银行。巴西联邦储蓄银行成立于1861年1月12日，已有150多年历史。它不仅是一家银行，在寻求银行管理和经营持续发展的同时，兼具公共政策代理人角色，积极参与国家经济发展和国家政策实施，减少社会和区域不平等现象，也是巴西公共投资和扩大金融服务的重要金融机构。为了给急速增长的客户群体提供更加优质的服务，适应不断增长的消费者购买力，巴西联邦储蓄银行从2003年起推出简易账户，2008年巴西联邦储蓄银行引入了9,600多台美国迪堡公司全功能ATM用于全国各大分行的自助金融服务，并采用迪堡软件平台进行操作，以确保灵活性和可靠性，极大地方便了边远地区和贫困家庭获得金融和银行服务。

1. 客户服务

巴西联邦储蓄银行主要吸收储蓄存款，发放住房贷款，发行不动产抵押债券，管理企业雇员保险基金，还向消费者提供消费信贷服务等。巴西联邦储蓄银行不断发展，改善客户服务质量，截至 2016 年底，拥有 8,710 万客户、6 万家网点、4,200 家分支机构和服务点、2.45 万家服务商和 3.12 万台机器，遍布于全国各地。2016 年，面对严峻的经济形势，巴西联邦储蓄银行的资产管理总额达到 2.1 万亿雷亚尔。

表 2.3 巴西联邦储蓄银行 2016 年管理资产额

单位：10 亿雷亚尔、%

项目	2016 年第四季度	2016 年第三季度	2016 年第二季度	2016 年第一季度
CAICA 资产	1,255	1,231	1,213	1,242
工龄保障基金（FGTS）	502	490	484	475
资产管理	287	278	269	262
其他	92	89	84	84
合计	2,127	2,089	2,051	2,066

数据来源：巴西联邦储蓄银行 2016 年管理报告。

2. 经营业绩

2016 年，巴西联邦储蓄银行营业利润实现 40 亿雷亚尔，净利润实现 41 亿雷亚尔，主要得益于银行贷款业务收入同比增长 3.6%，银行服务手续费同比增长 8.4%，以及金融中介服务费上升 2%。同时，由于住房贷款优惠、消费金融和基础设施的发展，当年贷款总额达到 7,093 亿雷亚尔。贷款损失准备金率下降 2.3%，体现了巴西联邦储蓄银行的投资组合质量不断提升，贷款周期管理流程不断优化。巴西联邦储蓄银行也不断加强对管理费用的严格控制，2016 年仅增长 6.3%。2017 年，巴西联邦储蓄银行净利润实现 111 亿雷亚尔，同比 2016 年增加了 54.2%。同时，巴西联邦储蓄银行的拖欠率仍低于其他金融机构的平均水平。

3. 贷款组合

2016 年，巴西联邦储蓄银行贷款余额为 7,093 亿雷亚尔，同比上涨 4.4%，其中，商业贷款余额 1,910 亿雷亚尔。2016 年 11 月，巴西联邦储蓄银行在巴西储蓄和贷款系统（SBPE）的基础上，将房地产信贷减少了0.25%。巴西联邦储蓄银行向客户和企业提供低利率贷款，帮助公司和个人建立新的基础设施，还款方式是扣除公司的盈利或者个人的收入。巴西联邦储蓄银行通过该项措施来推动房地产融资，刺激经济复苏。

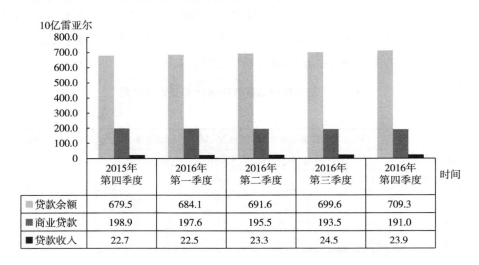

10亿雷亚尔

	2015年第四季度	2016年第一季度	2016年第二季度	2016年第三季度	2016年第四季度
贷款余额	679.5	684.1	691.6	699.6	709.3
商业贷款	198.9	197.6	195.5	193.5	191.0
贷款收入	22.7	22.5	23.3	24.5	23.9

数据来源：巴西联邦储蓄银行2016年管理报告。

图 2.1　2016 年巴西联邦储蓄银行贷款组合

（三）政策性银行

巴西政策性银行主要由联邦和州属两级政府国有开发银行组成。这些银行是政府控制信贷供应、为优先发展项目筹集资金、为大型项目提供资金支持的有力杠杆。巴西主要的政策性银行有：巴西全国社会经济发展银行（Banco Nacional de Desenvolvimento Econômico e Socia，BNDES）、巴西东北银行（Banco do Nordeste do Brasil S/A，BNB）、亚马逊银行（Banco da Amazônia S. A.，BASA）、南大河州银行（Banco do Estado do Rio Grande do Sul S. A.，Banrisul）、南端区域开发银行（Banco Regional de Desenvolvimento do Extremo Sul，BRDE）等。

巴西全国社会经济发展银行（BNDES）成立于 1952 年，是巴西规模最大的政策性银行，其主要业务是为国家支持的重点产业提供低息长期贷款。在其运作的几十年内，BNDES 始终坚持"创新、发展、环保"的战略目标，为巴西出口的扩张、为提高企业和国家技术创新能力、为社会环保事业及政府公共管理的现代化等提供必要的资金支持。

进入 21 世纪以来，BNDES 的业务开始拓展到海外，先后在伦敦和蒙德维的亚开设了代表处，巴西加快了实现国际一体化的步伐。BNDES 发布的《2018－2021 年投资展望报告》显示，该行计划在 2018－2021 年向 20 个部门投资 1.03 万亿雷亚尔，其中 12 个为工业部门，8 个为基础设施部门，计划年平均投资额 2,580 亿雷亚尔。同时，BNDES 在 2017 年 8 月推出 BNDES Giro 信贷业务，向巴西社会中小企业共计发放约 76 亿雷亚尔。该信贷提高了融资的便利性，降低了融资成本，提高了融资效率。

除 BNDES 之外，巴西东北银行以及各州政府所属的开发银行，如亚马逊银行、南大河州银行、南端区域开发银行等，都对巴西落后地区的农业和工业发展提供信贷资金支持，对地区发展起到了重要的推动作用。

巴西东北银行（BNB）是一家成立于 1952 年的金融机构，该行最初为完全的政策性银行，之后转变为商业银行。BNB 长期致力于巴西东北部地区农村金融事业的发展，促进当地经济社会的进步，目前是南美地区以某一区域发展为目标的规模最大的金融机构。BNB 90% 的资金来自于巴西联邦政府，主要为东北部九个州（巴伊亚州、阿拉戈斯州、塞阿拉州、北大河州、帕拉伊巴州、皮奥伊州、马拉尼昂州、伯南布哥州和塞尔希培州）以及米纳斯吉拉斯州北部和圣埃斯皮里图州北部地区的企业提供优惠利率的融资产品和项目，主要面向的领域包括农业加工、贸易服务、基础设施、工业、农村发展、技术和旅游等。BNB 不仅提供融资，同时还提供与资金配套的技术支持。

近 20 多年，BNB 先后实施了"北部地区宪法融资基金""家庭农业支持计划""北部地区旅游发展计划""朋友信贷项目"等。通过这些项目的实施，巴西政府为地方中小企业和家庭农业生产品提供优惠的小额贷款。享有优惠待遇的是农业生产中小微企业，以及从事原材料加工、劳动密集型或基本食品加工和经销的生产项目等。

经过数十年的发展，BNB 凭借强大的项目管理能力，吸收世界银行、美洲开发银行等国际或地区金融机构的资金，成功运营南美地区最大的小额信贷项目，已经成为农村金融和小额信贷方面的世界品牌。为鼓励中小型企业扩大再生产，巴西政府与私营及中小型企业签订合同，由巴西银行、巴西东北银行、巴西联邦储蓄银行和巴西全国社会经济发展银行发放低息信贷，以提高经营者的生产能力，扩大经营范围，吸纳更多的就业人员。

亚马逊银行（BASA）最初成立于第二次世界大战期间，原名为 Borracha 信贷银行（Banco de Crédito da Borracha），1966 年更名为亚马逊银行。BASA 的资金来自巴西联邦和亚马逊州两级政府，拥有商业银行职能，但在亚马逊地区（包括马托格罗索州和马拉尼昂州的部分地区）开发中发挥着政策性银行的作用，为巴西北部地区城市和农村发展提供了近 60% 的长期信贷资金，例如亚马逊可持续发展融资计划（FNO Amazônia）、农业融资专项贷款（Linea Especial de Financiacion Agricola）、农用拖拉机和配套设备现代化项目（MODERFROTA）等。BASA 现拥有 118 家分支机构，分布在巴西利亚州、圣保罗州等。

南大河州银行（Banrisul）是巴西南大河州和高桥市两级政府的资本组成的商业银行，同时发挥着地区政策性银行的作用，南大河州政府是 Banrisul 的最大股东，占该银行全部股份的 56.97%。该银行成立于 1928年，最初为高桥市政府银行，1988 年收购了南大河州经济储蓄银行，成为地区金融市场上的领头羊。目前，Banrisul 拥有 415 个网点，是巴西境内银行网点和储户最多的金融机构之一。其主要使命是向南大河州的企业提供融资，特别是为中小微企业提供金融服务，改善南大河州和高桥市人民的生活质量，促进区域经济和社会发展。

南端区域开发银行（BRDE）是巴西南部 3 个州政府共同组建的银行，其业务覆盖南大河州（Estados de Rio Grande do Sul）、圣卡塔琳娜州（Santa Catarina）和巴拉那州（Parana）。该行的信贷主要面向农牧业、基础设施、工业和贸易服务等部门，为微小企业提供条件优惠的贷款融资。

（四）投资银行

投资银行作为资本市场的组织者，一直是资本市场发展的主要力量。巴西投资银行的历史较短，它是在 1965 年巴西政府实行银行体制改革后发展起来的。投资银行分为国营和私营两类，主要职能是为企业发展和建设项目提供中长期信贷以及有关的流动资金放款，同时还发行存单，认购有价证券，管理担保债券和互助基金等。按照地域分布，巴西13家投资银行均分布在东南地区，其中圣保罗州10家、里约热内卢2家以及米纳斯吉拉斯州1家。

巴西现有法令规定，外资不得持有超过投资银行资本的49%，但在法令颁布前外资占大部分股权的银行可例外，因为巴西几乎每家投资银行都有美国、西欧国家和日本的资本。

表2.4 主要外资控股机构

国家	数量（家）	银行名称	控股的外资机构
西班牙	1	BBVA BRASIL BCO INVEST	BBVA BRASIL BCO INVEST
墨西哥	1	BANCO INBURSA DE INVESTIMENTOS	BANCO INBURSA INST B MULTIPLE
葡萄牙	2	BANIF INVESTIMENTO	BANIF – BCO INTERNAC. DO FUNCHAL
		HAITONG BANK	HAITONG BI DO BRASIL S. A.
英国	1	STANDARD CHARTERED BI S. A.	STANDARD CHARTERED BANK
瑞士	2	BICS	CREDIT SUISSE AG
		UBS BRASIL BI S. A.	UBS AG
意大利	2	FIDIS S. P. A	BANCO FIDIS
		INTESA SANPAOLO S. P. A.	INTESA SANPAOLO BRASIL S. A. BM
合计	9	—	—

数据来源：巴西中央银行2017年年报。

经历了2002年的金融动荡，巴西中央银行和金融监管当局出台了一系列稳定金融市场的措施，并取消了一些金融限制。为了稳定外汇风险，巴西中央银行和金融监管当局将金融机构的外汇资本金要求从75%提高到100%；此外，降低了金融机构持有外汇头寸的最大本金比例限制。随后，巴西金融监管当局又按照国际货币基金组织（IMF）的要求，进一步加大外汇和证券市场的开放力度。巴西中央银行进一步放松了汇率波动的限制，而巴西财政部为满足外汇市场上偿还外债的外汇资金需求，也采取了更灵活的外汇供给政策。

（五）信贷联盟

在拉丁美洲信贷联盟是金融机构中重要的组成部分，主要服务于中小微企业以及工薪阶层家庭，根据世界信用合作社理事会（WOCCU）统计，2007 年有 18.5% 的全球劳动力人口均为信贷联盟的会员。

巴西信贷联盟实施会员制，作为非营利性金融机构向其会员提供储蓄、信贷和其他金融服务，同一地区的信贷联盟成员共享 1 只公共债券，信贷联盟无外部股东，其董事由其会员选举产生。2015 年底巴西信贷联盟总资产为 1,825 亿雷亚尔，2011 - 2015 年总资产按照年均 20% 的增长率发展。巴西信贷联盟的会员数量在 2013 年达到 536.69 万人。尽管巴西信贷联盟数量众多，但是其在巴西整个金融体系中所占比例不大，根据巴西中央银行数据统计，2015 年信贷联盟共有 1,113 家，但其在巴西整个金融系统中的资产占比较小，其总资产占整个银行体系的比例仅为 2.6% 。

表 2.5　2013 - 2017 年信贷联盟的净资产、资产、存款和贷款额

单位：10 亿雷亚尔、%

年份 资产类型	2013	2014		2015		2016		2017	
	数值	数值	增速	数值	增速	数值	增速	数值	增速
净资产	19.3	22.8	18.3	27.4	20.3	32.0	16.5	36.7	14.9
资产	103.5	124.3	20.1	150.9	21.4	182.5	20.9	221.8	21.5
存款	46.9	56.3	20.1	68.5	21.6	83.0	21.1	103.5	24.8
贷款	45.5	57.8	27.1	68.0	17.6	76.3	12.1	83.7	9.7

数据来源：巴西中央银行。

二、银行业特点

（一）绝对数量逐步减少

受墨西哥爆发的银行和兑换危机的影响，1995 年初巴西股市和汇市发生了剧烈动荡，为稳定汇率，防止通货膨胀反弹，巴西政府动用大量外汇储备以稳定外汇市场。同时，巴西政府又大幅度地提高货币市场的利息率，实施紧缩性的货币政策，导致许多金融机构濒临倒闭。为防止金融风险在巴西蔓延，减轻其对社会的负面影响，巴西政府不得不通过金融业并购重组的方式，利用实力雄厚的金融机构兼并经营不善的金融机构，以提高金融资产的质量，阻止金融风险的扩散。从 2005－2017 年商业银行分支机构（每 10 万成年人）的变化来看，呈现出先上升后下降的趋势。

2013 年至 2017 年底，巴西银行机构数量从 177 家减少到 174 家。其中，商业银行由 23 家减少到 21 家，投资银行由 14 家减少到 13 家。

表 2.6　2013－2017 年巴西银行机构数量变化　　　　　　单位：家

类型 ＼ 年份	2013	2014	2015	2016	2017
多功能性银行	132	130	132	133	132
商业银行	23	22	21	21	21
开发银行	4	4	4	4	4
储蓄银行	1	1	1	1	1
投资银行	14	14	13	14	13
外汇银行	3	3	3	3	3
总计	177	174	174	176	174

数据来源：巴西中央银行。

（二）资产规模小幅度下降，集中度不断攀升

从银行系统的资金变化情况来看，2015 年以来，银行吸收的资金规模有小幅度下降，2017 年 12 月资金规模为 37,628.3 亿元，同比 2016 年 12 月下降了 0.79%。其中，储蓄存款、定期存款和活期存款所占比重较大，2017 年 12 月整体规模占比达到 42.44%，是巴西银行系统资金的主要来源。

根据巴西中央银行数据显示，截至 2017 年 12 月底，巴西金融体系中商业银行及含商业银行职能、储蓄和贷款的综合性银行共计 95 家。巴西规模较大的四家银行分别是巴西银行（Bancodo Brasil）、伊塔乌投资银行（Itau Unibanco Holding）、巴西联邦储蓄银行（Caixa Economia Federal）和布拉德斯科银行（Banco Bradesco），单家银行总资产规模为 2,000 亿~5,000 亿美元。其中，巴西银行和巴西联邦储蓄银行为国有银行。2007 年，

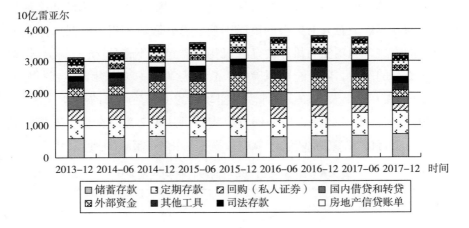

数据来源：巴西中央银行。

图2.2　2013－2017年银行系统资金情况

这四家银行共集中了巴西54.6%的贷款和59.34%的存款。2017年，这四家银行已经集中了巴西78.5%的贷款和76.35%的存款，资本集中程度大幅度提高。

表2.7　前四大商业银行分支机构数量　　　　　单位：家

年份 金融机构	2011	2012	2013	2014	2015	2016	2017
巴西银行	5,183	5,362	5,450	5,524	5,429	5,440	4,770
布拉德斯科银行	4,611	4,663	4,650	4,652	4,502	5,309	4,745
伊塔乌投资银行	3,822	3,856	3,904	3,868	3,735	3,464	3,339
巴西联邦储蓄银行	2,309	2,868	3,288	3,391	3,404	3,412	3,394

数据来源：巴西中央银行。

　　同时，这四家银行受累于巴西主权债降级，评级仅为BBB－级。2016年，整体利润率下跌了近20%。2017年，大型银行利润有所回升，四家银行的利润总计为576.3亿雷亚尔，同比增长14.6%。其中，巴西联邦储蓄银行的利润上涨202.6%。这说明巴西大型银行的业务稳定，资产规模有所增长。

　　（三）运行效率和经营绩效有所下降

　　银行体系的经营绩效在一定程度上反映了经济环境的变化，2016年银行业净资本收益率（ROE）持续走低，2017年有所上升，截至2017年12

月达到13.6%，同比2016年12月增加2.2%。虽然银行服务费已经超过通货膨胀的增长，但是仍然不足以抵消贷款损失准备（LLP）的影响。净资本收益率的下降反映了巴西国内外宏观经济环境的变化较大程度地影响了银行业的发展。

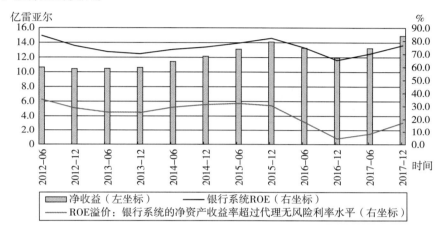

数据来源：巴西金融稳定报告。

图2.3　2012－2017年巴西银行体系盈利水平变化

2017年10月9日，国际信用评级机构穆迪将巴西银行系统评级展望从稳定下调至负面，穆迪公司在发布的报告中称，政治不确定性让该国金融系统出现风险，巴西银行业出现衰退，虽然2017年巴西通货膨胀率和利率都出现下降，但经济增长依然微弱，而且情况可能继续恶化，银行风险依然存在。

（四）信贷总额下降，不良贷款率有所上升

2012年以来，巴西银行业整体信贷增长率呈下降趋势。2015年9月，整体银行业信贷增长率显示为负值，这主要是受国内经济不景气的影响，导致信贷量与GDP的比例不断下降。同时，公共商业银行的信贷增长率明显低于银行业整体水平。2016年9月以来，银行业信贷增长率有所回升，但是仍显示为负值。

2000年以来，巴西银行业的坏账率呈逐年下降的趋势，银行业坏账率也低于中国国有商业银行的坏账率水平。同时，银行不良贷款率有所上

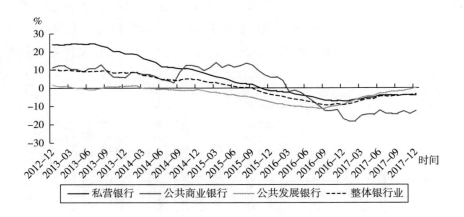

数据来源：巴西金融稳定报告。

图 2.4　2012－2017 年巴西银行业信贷增长率

升，2017 年银行不良贷款与贷款总额的比率达到了 3.59%，较 2016 年下降了 0.33%，但是较 2015 年上升了 0.27%。

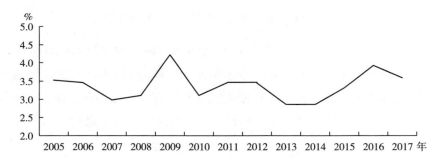

数据来源：世界银行。

图 2.5　银行不良贷款与贷款总额的比率

（五）流动性水平良好

在经济放宽和对实体经济信贷收缩的背景下，银行体系的高质量流动性资产持续增长。银行现金流需求的稳定方案，使银行系统能够承受较强的短期流动性冲击。银行体系的短期流动资产从 2012 年 1 月至 2017 年 12 月增加了 334.22 亿雷亚尔，银行短期流动比率（IL）从 2012 年 1 月的

1.64 上升到 2017 年 12 月的 2.38，达到了 2012 年以来的最大值。

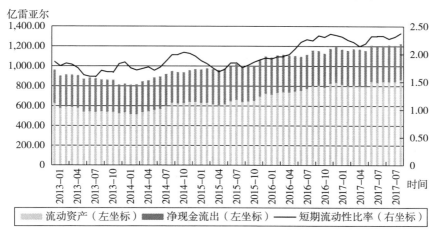

数据来源：巴西金融稳定报告。

图 2.6　2013－2017 年银行短期流动比率

短期流动比率（IL）衡量商业银行是否有充足的流动资产用于满足压力情景下现金净流出的需求，IL > 1 时说明银行具有较高的短期流动性。截至2017 年 12 月，银行体系的 88.05% 的资产来源于 IL > 2 的银行；同时，IL < 1 的银行数量由 2016 年 6 月的 19 家上升到 2017 年 12 月的 22 家。这些银行的资产规模在整个银行体系中占比较低，对银行体系的流动性冲击较小。

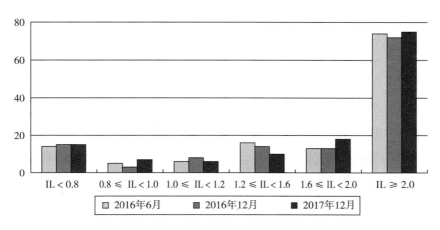

数据来源：巴西金融稳定报告。

图 2.7　2016－2017 年短期流动比率频率分布

（六）信用风险

银行和监管机构根据风险水平对风险敞口进行分类时，如果使用多样性的标准，会危及信贷资产质量的评估和比较。因此，巴西中央银行将问题资产的定义通过 2017 年 2 月 23 日第 4557 号决议纳入监管框架，问题资产包括逾期 90 天以上的贷款和未到期但已全部偿还的风险敞口。2014 年 12 月以来，巴西金融体系未偿信贷违约率呈上升趋势，是由于在一定程度上受到了国内不利经济情景的影响。2016 年第四季度，问题资产组合显示信贷风险增长放缓。尽管问题资产组合呈上升趋势，但其演变不会对金融稳定构成威胁，2016 年 12 月拨备与问题资产组合的比率为 83%，机构维持的拨备与其信贷组合的风险状况相符。

第三节　巴西证券业

证券业是巴西金融业重要组成部分，巴西证券期货交易所（BM&F BOVESPA）是全球最大的证券交易所之一，同时也是拉丁美洲最大的证券交易所。

一、证券业交易情况

进入 21 世纪以来，巴西证券业发展十分迅速。从规模上看，2010 年巴西证券期货交易所股票交易总额为 9,081.32 亿美元，达到了近年来的峰值。截至 2017 年底，股票交易总额为 6,425.03 亿美元，较 2016 年同比增加 14.48%。

期货合约方面，2016 年巴西证券期货交易所完成 797,537,539 笔合约交易，高于 2015 年的 703,561,982 笔，金融总额累计达到 59.60 万亿雷亚尔，高于 2015 年的 50.70 万亿雷亚尔。

非参与型巴西存托凭证方面，2016 年巴西证券期货交易所有 20,309 笔非参与型巴西存托凭证交易，相较 2015 年的 18,233 笔增长 11.39%。

参与型巴西存托凭证方面，2016 年巴西证券期货交易所有 309,587 笔参与型巴西存托凭证交易，相较 2015 年的 499,775 笔下降 38.05%。

交易型开放式指数基金（ETF）方面，2016 年巴西证券期货交易所完

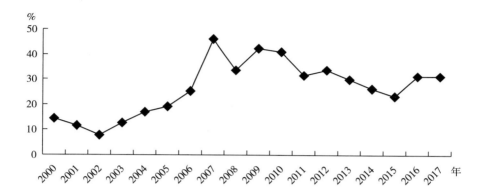

数据来源：世界银行。

图 2.8　股票交易总额占 GDP 的比重

成 2, 864, 856 笔交易，金融总价为 464.5 亿雷亚尔，较 2015 年的 2, 363, 773 笔和 354.1 亿雷亚尔分别增长 21.20% 和 31.18% 。

表 2.8　股票交易所交易基金规则

股票行情自动收录器	代表基金名称的大写字母 除其他资产外，代表基金份额的数字
报价	雷亚尔，小数点后两位
结算方式	T + 3
市场	现金
整批	一级市场：由发行人决定 二级市场：10 股 二级市场零头：01 股

数据来源：巴西证券期货交易所。

　　融资融券方面，2016 年，巴西证券期货交易所共计完成 1, 384, 209 笔交易，金额总价为 6, 927.4 亿雷亚尔。笔数较 2015 年（1, 519, 445 笔交易和 6, 657.3 亿雷亚尔）减少了 9.8% ，但是金额增长了 3.9% 。

　　公司债方面，2016 年二级市场公司债共计交易 53, 079 亿雷亚尔，相较 2015 年的 43, 727 亿雷亚尔增长了 21.39% 。

　　房地产投资基金方面，房地产投资基金指数旨在衡量上市交易和场外交易的房地产基金的平均表现，这些基金被允许在股票交易所或 B3 运营的有组织的场外市场交易。从房地产投资基金指数的收盘价来看，2016 年最高收盘价为 596.98 美元，2017 年最高收盘价为 714.59 美元，但是远低于 2013 年的 821.50 美元的水平。2017 年最低收盘价为 572.10 美元，与最高收盘价相差 142.49 美元。

金融衍生品方面，2016 年利率期货交易量创纪录达到 302,518,177 笔合约交易，高于 2015 年的 309,308,981 笔；美元期货结算量达到 71,281,293 笔合约交易，高于 2015 年 77,490,315 笔；圣保罗期货交易量达到 19,212,830 笔合约交易，相较 2015 年的 16,924,855 笔增长了 13.52%。

商品期货期权方面，商品期权期货交易量从 2015 年底的 1,867,542 份增长至 2016 年底的 1,860,877 份，截至 2016 年最后一个交易日尚有商品期权期货数量为 85,057 份合约未完成交易；在 2016 年，活牛期货和期权合约总计 604,637 份，略低于 2015 年的 775,881 份；玉米期货和期权合约交易量从 2015 年的 855,118 份增长至 2016 年底的 984,637 份；阿拉比克咖啡合约交易量相较 2015 年的 138,764 桶降低至 2016 年底的 136,854 桶；大豆期货合约（CME）2016 年交易量为 84,272 份，远高于 2015 年的 43,689 份；乙醇期货市场在 2016 年交易量为 25,524 份合约，低于 2015 年的 36,424 份。

黄金现货方面，2016 年，现货黄金市场（250 克）交易 7,253 份合约，总额为 2,529.4 万雷亚尔，相较 2015 年的 9,873 份合约和 3,038 万雷亚尔金额总价有所下降。

美元现货方面，2016 年，巴西银行间结算市场和巴西证券期货交易所清算系统中登记的美元现货交易量为 3,290.0 亿美元，共计 21,617 笔，2015 年为 3,259.1 亿美元和 31,783 笔交易。

二、上市公司情况

近年来，巴西本土挂牌的上市公司数量逐年降低，2000 - 2006 年上市公司数量下降速度进一步加快，到 2006 年仅为 347 家，平均每年减少 18 家上市公司。2007 年上市公司数量有所增加，2007 - 2017 年，上市公司数量下降速度有所放缓，2017 年仅为 335 家。

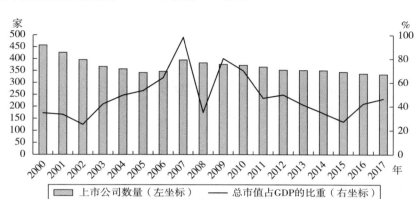

数据来源：世界银行。

图 2.9　2000 – 2017 年巴西上市公司数量及总市值占 GDP 的比重

作为企业融资的重要途径，股票市场的重要性逐渐提高。即便扣除政府通过有偿出让石油的方式所购买的巴西石油公司（Petorbras）在 2010 年的新股发行量（748 亿雷亚尔），2006 – 2010 年，企业通过新股发行途径年均融资额占 GDP 的比重为 1.1%。

三、证券业投资者

1. 证券投资者的划分

证券投资者是证券市场的资金供给者，保证证券发行的完成和证券交易的顺利进行。巴西证券投资者类型比较多，总的来说可分为机构投资者、个人投资者和境外投资者。

（1）机构投资者。

巴西证券业的机构投资者主要有政府机关、银行、养老基金和保险公司、专业证券经营机构（即证券公司）、社会公益基金等。巴西的政府证券投资主要是买卖政府债券，在国家货币理事会的指导下，由中央银行具体实施进行公开市场操作买进和卖出政府债券，调节货币供应量进行宏观调控进而影响汇率。巴西多功能性银行在证券市场上非常活跃，它们不仅进行证券承销，而且在二级市场上进行大量的交易，如巴西银行是最大的机构投资者，它们不仅设有专门的投资银行部门，而且在风险管理、公司理财、企业并购等领域进行多层次的经营。

20 世纪 90 年代以来，养老基金和保险公司进入巴西证券市场，一方面充实了市场的资金量，另一方面对市场稳定也起到了重要作用，是促进巴西证券市场发展的又一重要举措。巴西证券投资公司资金实力雄厚，交易量大，专业性强，又经常有外国资金注入，对证券市场影响很大。外国银行或通过并购控股巴西国内银行，或直接设立证券经营机构进入巴西市场，也逐渐成为巴西证券市场的一支重要的力量。还有一些社会公益基金如社会福利基金、社会保障基金以及养老基金，这类基金投资于证券市场的目的是保值和增值，一般多投资于高信用、长期限、低风险和高收益的证券品种。巴西经济改革，尤其是养老基金和退休基金的改革为社会公益基金进入证券市场大开方便之门。

（2）个人投资者。

个人投资者也是证券业的重要投资者，是证券市场最广泛的投资者，主要包括境内个人投资者和境外个人投资者。21 世纪以前，境内投资者占总投资的比重相对较低，中小投资者证券投资并不活跃，主要原因在于巴西国内宏观经济形势长期不稳定、金融动荡和通货膨胀时间较长，特别是巴西政府为吸引外资、增加储备而实行的高利率政策限制了个人投资者向证券市场的流动。进入 21 世纪后，个人投资者的证券活动逐渐活跃，到 2010 年，个人投资者占巴西证券交易所融资总额的 26.4%。

（3）境外投资者。

境外投资者是巴西证券业的重要投资者之一，习惯了高利率的国内投资者对股票的热情显示出典型的递进性，占 1/3 的是境外投资者，其持股市值占总市值的比例高于其他金砖国家，这一点在公开市场上表现得尤为明显。

2. 证券投资者的市场份额

21 世纪头十年，按投资者类型划分的股票成交量分布出现了重要的变化，即金融机构的占比不及自然人、机构投资者和境外投资者。2010 年，这三类投资者共占日均股票成交量的比重达 90%，三者所占的份额大体相当。

表 2.9　各类投资者占巴西证券期货交易所融资量的份额

单位：%

年份	自然人	机构 投资者	境外 投资者	企业	金融机构	其他
1994	9.7	16.4	21.4	6.9	45.4	0.2
2000	20.2	15.8	22.0	4.2	36.7	1.1
2005	25.4	27.5	32.8	2.3	11.7	0.3
2010	26.4	33.3	29.6	2.3	8.4	0.1

数据来源：巴西证券期货交易所。

四、股票指数

1. 圣保罗证券交易所指数

圣保罗证券交易所指数（IBOVESPA 指数），旨在衡量股票市场的平均表现，主要跟踪市场上交易活跃、更具代表性的股票价格变化时，股票市场平均绩效的变化。它是巴西证券市场上最具有代表性的股票价格变化，是一种综合性股票指数，代表在圣保罗证券交易所上市的主要股票的交易动态，该指数组合由在过去 12 个月中占交易总数中 80% 的股票组成，以 1968 年 1 月 2 日为基准，每 4 个月重新评估一次。巴西 85% 的股票交易都采用此指数。IBOVESPA 指数 2014 - 2017 年的具体情况如图 2.10 所示。

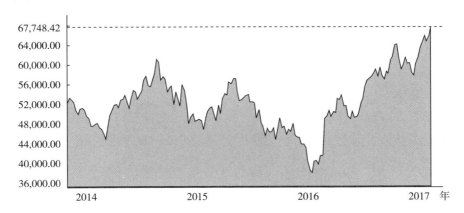

资料来源：巴西证券期货交易所。

图 2.10　2014 - 2017 年巴西 IBOVESPA 指数

巴西 IBOVESPA 指数 2016 年表现抢眼，特朗普赢得美国大选，市场预计其 2017 年 1 月正式上任后或将实施在基础设施方面额外投资 1 万亿美元的计划。这一计划对大宗商品价格形成支持，所以对于巴西而言，铁矿石的价格走高将由内外双重动力主导：除了国外资金的流入和金融投资行为，巴西当地钢铁工业的快速发展也推动了对铁矿石的需求，加之各矿业企业控制产量不断抬升铁矿石价格，2016 年一度打破铁矿石价格纪录，有力推动了圣保罗股指大涨。

2. IBrX 100 指数

IBrX 100 指数，即巴西 100 指数，旨在衡量巴西股票市场 100 只最活跃交易和最具代表性股票的价格平均变化，2013 – 2017 年 IBrX 100 指数走势如图 2.11 所示。

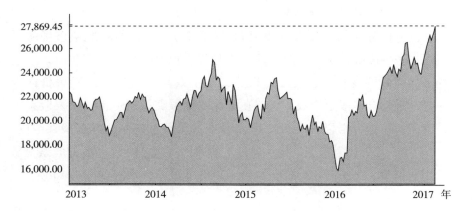

资料来源：巴西证券期货交易所。

图 2.11　2013 – 2017 年 IBrX 100 指数走势

3. IBrX 50 指数

IBrX 50 指数，即巴西 50 指数，旨在衡量巴西股票市场 50 只最活跃交易和最具代表性股票价格的平均股价变化，2013 – 2017 年 IBrX 50 指数走势如图 2.12 所示。

4. IBrA 指数

IBrA 指数，即巴西广基指数，主要用来衡量随着巴西证券交易所经营的现金市场上交易活跃的所有股票价格变化（只要满足一定的最低流动性

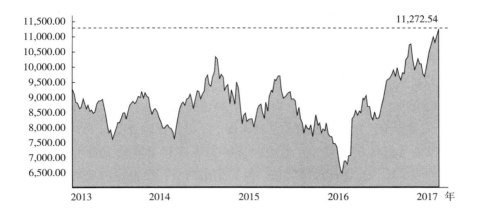

资料来源：巴西证券期货交易所。

图 2.12 2013－2017 年 IBrX 50 指数走势

和积极交易标准）时，股票市场平均绩效的变化。IBrA 指数 2013－2017
年走势如图 2.13 所示。

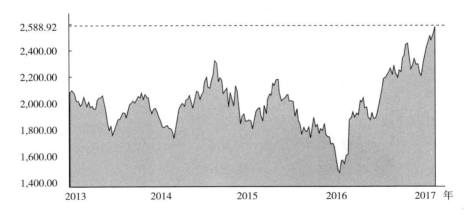

资料来源：巴西证券期货交易所。

图 2.13 2013－2017 年 IBrA 指数走势

第四节 保险公司

保险业资产在巴西金融体系中的比重有限，但发展迅速，占 GDP 的比重也不断提升。2002 年，巴西保险业资产在金融体系中的占比仅为 3.6%，与 GDP 之比只有 4.3%，到 2011 年，在不到十年的时间内，这两个数字分别增长至 5.8% 和 10.3%，尤其是在保险公司（含再保险公司）、私人开放式养老基金、保险资本化在提供保险产品多样化和保险普及度方面有了较大的突破。在过去的十余年内，经济高速发展、私营保险监管局（SUSEP）监管制度优化、政府的鼓励政策促进了巴西保险业的发展，其中以人寿保险业的涨势最为强劲，保险业快速发展有利于降低金融市场交易成本，增强流动性，促进经济增长。需要指出的是，巴西保险业的增长不仅体现在规模上，而且表现在质量上。如同银行业一样，巴西保险业不仅稳健而且利润率高，主要表现在：近年来保险业保持了较高的利润率；巴西保险业赔付率（solvency ratio）较高，人寿保险部门的平均赔付率是监管规定的 350%，非人寿保险的赔付率超过监管规定的 90%。2015 年，受巴西经济衰退和通货膨胀上涨的影响，保险市场也受到了一定程度的影响。

一、保险公司概况

根据 SUSEP 统计，受 SUSEP 监管的近 160 家保险机构中，保险公司占比 72%，私人开放式养老基金的专营公司占比 17%，资本化账户的专营公司占比 11%。部分寿险公司也提供私人养老金服务。

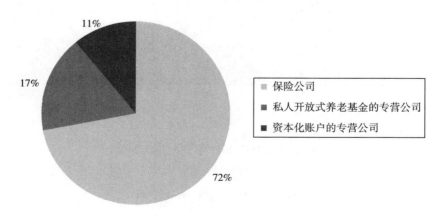

图 2.14　SUSEP 监管下的巴西保险业机构占比

二、保险业发展

（一）保险收入

根据 SUSEP 发布的 2016 年分析报告显示，巴西保险业收入在金融服务中所占比重有所下降，保险业收入占商业服务出口的比重已从 2002 年的 7.60% 下降至 2017 年的 4.05%，保险业收入占商业服务进口的比重已从 2002 年的 9.56% 下降至 2017 年的 3.11%，值得注意的是巴西近几年 GDP 的增长速度是显著的。

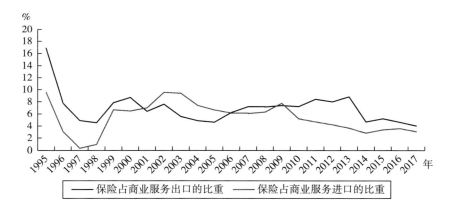

数据来源：世界银行。

图 2.15　1995－2017 年巴西保险占金融服务比重

从图 2.16 巴西保险业收入增长趋势可以看出，2003－2012 年整个保险行业呈现强劲增长，在 2013－2015 年保险公司收入增长态势不减，而私人开放式养老基金收入和资本化收入虽继续增长，但增速放缓，这主要是受巴西国内经济危机影响。

（二）保险集中度

根据 SUSEP 发布的 2016 年分析报告显示，2001－2015 年行业集中度随着保险行业的发展有所变化，前十大保险机构保费占比从 2001 年的 60% 略微降低至 2006 年的 58.2%，随着 2006－2012 年行业内兼并和并购的发展，2012 年行业集中度又提升至 67.3%。

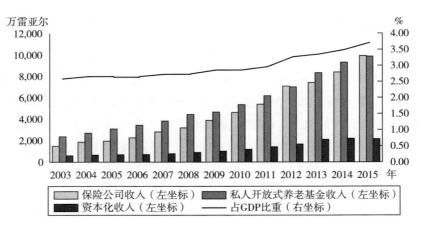

图 2.16　2003 – 2015 年巴西保险业收入及 GDP 增长趋势

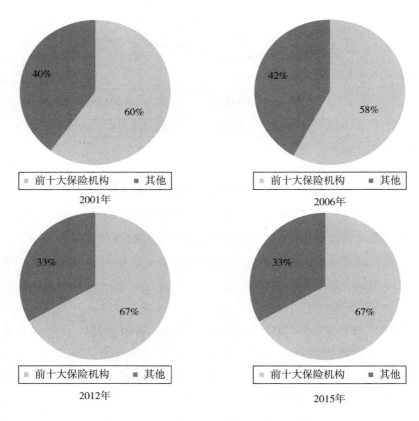

图 2.17　2001 – 2015 年巴西保险行业集中度变化

（三）保险业务

巴西保险业务发展主要体现在三个方面，即人寿保险、车险和健康险。

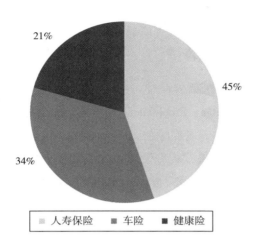

图 2.18 SUSEP 监管下的巴西保险业务占比

1. 健康险

巴西的个人意外伤害险和健康险市场近年来增长强劲，其主要原因包括：该国经济持续发展；保险深度增加，医疗保险产品与服务蓬勃发展；居民可支配收入水平提高；消费者的医疗保健、安全保护、储蓄意识整体增强等。随着更多的公司将健康险作为员工必要福利，保险销售不断增长，自留额已超平均水平。

巴西健康险市场总市值从 2007 年的 98 亿雷亚尔（约合 54.7 亿美元）增至 2011 年的 151 亿雷亚尔（约合 84.3 亿美元），复合年均增长率达 11.27%，实现两位数增长。健康险产品与服务的保险深度由 0.34% 上升至 0.54%，国内保单量不断攀升。健康险业新增保单总值从 2007 年的 6,914 万雷亚尔（约合 3,862 万美元）上升至 2011 年的 8,842 万雷亚尔（约合 4,939 万美元）。

2. 非寿险

巴西非寿险市场健康发展，主要得益于国内经济的强劲增长，经纪渠道的扩展及车险、财险、建工险的业务增长。非寿险业尽管增速很快，但仍面临诸多严重问题，包括效率低、核保规则欠佳和有碍市场竞争的监管壁垒等。其中，监管壁垒问题尤为突出，2016 年 SUSEP 提出了强化风险管理机制的提议，其中一项有关国内再保险的命令颇具争议，从短期看，对私有险企来说，监管环境每况愈下。

三、大型人寿保险公司

巴西寿险和养老金保险公司中，前三大养老保险公司分别为 Bradesco 银行旗下的 Bradesco Vida e Precidencia 人寿养老保险公司、Brasilpprev Seguros e Prevideˆncia S. A. 养老保险公司和 Itau 银行旗下的 Itau Vida 人寿保险公司。2013 年上半年，这三家人寿保险公司在巴西人寿养老保险市场的份额分别为 24.8%、22.7% 和 18.6%，三家公司加总的市场占有率高达 66.1%。

大型金融控股集团之所以能够在巴西保险市场保持其竞争力，与其多元化经营的战略以及各类金融业务之间相互联系、相互推动密切相关。以巴西著名的金融控股集团 Itau Unibanco 为例，该集团旗下有银行、保险、证券等多种业务，每类业务都是一个利润中心，各类业务之间又在 Itau 集团的框架下相互联系、相互支持。Itau 保险公司作为集体的一分子，获得集团资源共享平台的好处，该平台拥有各类数据库，集团内的所有子公司都可以享用这一平台。Itau 保险公司运用该平台获得 Itau 银行、Itau 证券公司的相关客户信息来拓展业务，不断扩大自己的客户资源。为了降低业务成本，Itau 保险公司依靠 Itau 银行分布在全国各地的分支机构和 ATM 来开展自己的业务。

第五节　其他金融体系

一、投资基金管理公司

巴西投资基金有两种，一种是普通投资基金，就像在许多国家普遍出售的基金一样，另一种是巴西独有的财政投资基金，由于当时是根据第

157 号总统令建立，故又称为财政（157）投资基金，其设计目的在于刺激一般公众在资本市场的投资。

普通的投资基金出现在 20 世纪 60 年代初，巴西建立了第一只共同基金，但不发达的证券市场使它找不到分散投资的证券。1965 年以后，投资基金迅速建立并发展起来，据 1972 年统计，巴西全国已建立了 193 只投资基金，其中 73% 集中在里约热内卢和圣保罗。巴西的投资基金受中央银行证券交易委员会的监督、管理，主要投资于普通股，其持有的股票与总资产比例一般不得低于 60%～80%。

财政（157）投资基金是一种免税的投资基金。当纳税人用其收入的一定比例来购买财政投资基金时，可以免除一定比例的所得税，个人的免税率最初为 10%，法人投资者为 5%。1973 年个人免税率为 12%～20%，法人投资者免税措施废除。财政（157）投资基金建立后颇受欢迎，发展迅速，至 1972 年全巴西已有 127 只此类基金，73.2% 分布在里约热内卢和圣保罗。

二、私募机构

稳定的政治经济环境、微观经济改革及旨在改善资本市场制度环境的政策，使巴西资本市场迅速扩张成为全球最重要的证券交易中心之一。2002 年巴西股票和私募证券市场市值为其 GDP 的 33%，2010 年这一比例迅猛增至 93%。据国际清算银行统计，2010 年巴西国内私募债券市场市值接近 5,080 亿美元，占世界私募债券市场市值的 1.8%，占拉丁美洲私募债券市场市值的 73.6%。2010 年巴西发行私募债券净增 587 亿美元，排名世界第四位。

巴西私募股权市场的发展同样令人瞩目。2010 年，巴西圣保罗证券交易所美元市值在 2002 年的基础上翻了 6 番，攀升至当年巴西 GDP 的 69%，圣保罗证券交易所一跃成为拉丁美洲最大的证券交易所，在全球排名第十位。2010 年巴西圣保罗证券交易所新发、增发股票金额 1,005 亿美元，排名全球第三位，仅次于美国纽约和中国香港。

在巴西崛起为世界重要资本市场的进程中，衍生品交易发挥了积极作用，尤其是在证券市场和运用电子设备方面，圣保罗证券交易所期权交易非常活跃，2002 年巴西圣保罗证券交易所股权期权（equity option）合约金额为 9,000 万美元，2010 年这一数字飙升至 8 亿美元，成为当年的全球第一。2002 – 2010 年巴西货币期货（currency futures）合约和货币期权（currency option）合约金额分别增长了 7 倍和 12 倍。巴西期货交易所在世界期货交易所中排名第五位，网络交易不断便利，电子交易量不断增加。

BBVA 预测，在中期内，巴西资本市场将保持扩张趋势。尽管如此，巴西必须采取措施将利率降至合理水平。要达到这一目的，巴西必须进一步控制财政支出，提高国内储蓄率。

BTG Pactual 还是巴西领先的投资银行和资产管理公司，管理和经营超过 900 亿雷亚尔（约合 530 亿美元）的资产。

第三章

金融市场

第一节　股票市场

一、发展状况

巴西最早的证券交易所是成立于 1820 年的里约热内卢证券交易所，同时它也是巴西第二大证券交易所。1890 年圣保罗证券交易所（BOVESPA）的成立意味着巴西最大的证券交易所应运而生，此后证券交易所如雨后春笋般遍布每个州。巴西商品期货交易所（BM&F）在 2002 年成功收购里约热内卢证券交易所，成为巴西证券市场上的一大新闻。而在 2008 年，BOVESPA 控股对外宣布将 BOVESPA 和 BM&F 两大证券交易所进行合并，合并后的证券交易所就是人们现在所熟知的巴西证券期货交易所（BM&F BOVESPA）。站在市值的角度上来看，BM&F BOVESPA 已然变为全球最大的证券交易所之一，它不仅仅是西半球的第二大证券交易所，同时也是拉丁美洲最大的证券交易所。截至 2016 年 12 月底，经统计共有 349 家上市公司在 BM&F BOVESPA 挂牌上市，其市值高达 12.2 万亿美元。

合并后的 BM&F BOVESPA 勇敢尝试，提出了许多大胆的战略规划来加快自身的国际化进程。2008 年 8 月 20 日，在各方面条件都较成熟的条件下，巴西证券期货交易所在其"新市场"（Novo Mercado）板块实现上市交易。与此同时，从 2008 年 10 月开始，在巴西证券期货交易所和芝加哥商品交易所集团之间实现了金融产品的实时相互买卖，这里的金融产品包括现金股票及股指期货合约等。

表 3.1 巴西股票市场融资情况

年份	上市公司数量（家）	上市公司市场资本总额（美元）	股票市场筹资总额（美元）	股票市场周转率（%）	市场收益率（%）
1990	581	16, 400, 000, 000	5, 598, 000, 128	18. 41	—
1991	570	42, 800, 001, 024	13, 372, 999, 680	45. 18	—
1992	565	45, 299, 998, 720	20, 525, 000, 704	46. 59	—
1993	550	99, 399, 999, 488	57, 408, 999, 424	79. 35	—
1994	544	189, 000, 007, 680	109, 497, 999, 360	75. 93	—
1995	543	147, 636, 000, 000	79, 186, 000, 000	47. 05	—
1996	551	216, 990, 000, 000	112, 108, 000, 000	61. 49	—
1997	536	255, 478, 000, 000	202, 450, 000, 000	85. 70	—
1998	527	160, 887, 000, 000	146, 683, 000, 000	70. 46	− 0. 3347
1999	478	227, 962, 358, 500	87, 275, 800, 000	44. 89	1. 5195
2000	459	226, 152, 460, 000	101, 281, 520, 000	44. 61	− 0. 1072
2001	428	186, 237, 780, 000	65, 090, 400, 000	31. 57	− 0. 1102
2002	399	123, 807, 260, 000	48, 203, 190, 000	31. 09	− 0. 1701
2003	367	234, 560, 040, 000	60, 435, 390, 000	33. 73	0. 9734
2004	357	330, 346, 580, 000	93, 580, 120, 000	33. 13	0. 1781
2005	381	474, 646, 880, 000	154, 232, 110, 000	38. 32	0. 2771
2006	392	711, 099, 910, 000	254, 512, 990, 000	42. 93	0. 3293
2007	442	1, 370, 376, 600, 000	584, 951, 400, 000	56. 21	0. 4365
2008	432	589, 384, 021, 012	727, 792, 742, 692	74. 27	− 0. 4122
2009	377	1, 167, 334, 984, 012	649, 187, 228, 924	73. 91	0. 8266
2010	373	1, 545, 565, 661, 434	901, 104, 896, 977	66. 43	0. 0105
2011	366	1, 228, 969, 170, 883	961, 306, 432, 312	69. 29	− 0. 1811
2012	353	1, 229, 849, 669, 684	834, 534, 945, 055	67. 88	0. 0740

数据来源：Wind 数据库。

结合表 3. 1 和图 3. 1 可以看出，巴西的上市公司数量总体呈不断减少的趋势，1997 年 5 月 1 日高达 557 家，而 2017 年 3 月 1 日低至 338 家，从 1990 年的 581 家到 2018 年的 341 家，共减少 240 家。由此可以看出，虽然巴西的国内市场相对稳定，但是发展相对缓慢。从历年的数据可以看出，

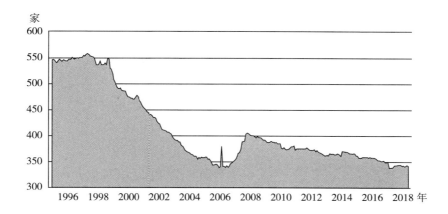

数据来源：CEICData.com。

图 3.1 1996 - 2018 年巴西证券期货交易所上市公司数量变化

巴西的股票交易市场总市值的数据在飞速上涨，在筹资总额方面也实现了质的飞跃，这些都说明尽管巴西股票交易市场的公司数量的增加不多，但是其上市公司的质量相对较高，也就是说巴西股票交易市场筹资效率较高。除此之外，股票交易周转率较高，也可以看出巴西股票交易市场的质量较高。

尽管 2016 年巴西政坛较为动荡，从而导致经济连续两年下行，同时失业率高达 11.9%，但是股票交易市场却发展惊人，圣保罗股市主要股指博维斯帕指数增幅高达 39%，从美元计价的角度观测其市值上涨 68.8%，这是巴西从 2012 年经济陷入困境之后，第一次出现的增长。其中，随着大宗商品价格的不断回暖，巴西石油和淡水河谷两只蓝筹股出现大幅度上涨。2016 年数据显示，巴西石油股票大幅上涨，涨幅约 122%，矿业公司淡水河谷的涨幅接近 130%，钢铁巨头盖尔道集团股价上涨约 137%。2018 年 8月，巴西股市在基础材料、工业和房地产等上涨板块的带领下走高，巴西证券期货交易所 269 只个股上涨，数量上超过了收低的个股数（191 只），市场表现良好。

二、一级市场与股票发行

人们根据不同的角度可以将证券市场划分为不同的市场，其中发行市场与流通市场是从市场职能的角度来对证券市场进行划分的。发行市场又称一级市场或初级市场，是发行人以筹集资金为目的、按照一定的法律规定和发行程序、向投资者出售新的证券所形成的市场。流通市场又称为二级市场或次级市场，是已发行的证券通过买卖交易实现流通转让的场所。当前巴西的证券流通市场主要包含两个部分：一是证券交易所，为大盘股交易的场所；二是场外交易市场，即 SOMA 市场，主要是小盘股交易的场所。

巴西《证券法》第三章规定，承销商、投资人、咨询中介机构、股票交易所、有组织的场外交易市场和证券登记结算机构共同组成证券发行系统。第四章规定，新股发行实行登记制，即所有上市公司在公开发行新股前，都必须向巴西证券交易委员会申请登记，发行工作由上市公司和承销商共同承担，必要时须组成承销团，承销团由主承销商和参与承销的证券公司组成。巴西证券交易委员会对承销商资格有严格的界定，投资银行和证券公司开展承销业务的前提是符合规定，其中包销和代销是承销的两种方式。发行申请材料中应当包括上市公司的公司章程、主要业务、财务及经济状况、管理团队和主要的股东情况、资本结构、生产数据、会计模式、发行的特点和程序、其他的发行参与者及其与发行公司的关系等。巴西证券交易委员会对上市公司有最低资本金和最少股本数量的要求，同时要求公司对股票价格、重大决策等相关事实和信息都必须进行披露，并在证券交易委员会和证券交易所指定的媒体上公布，以保护投资者、特别是中小投资者的利益。巴西证券期货交易所对于市场的证券发行具有特别的意义和作用，从上市公司的角度来看，其会计政策、股东的相关情况、证券的具体特征和公司的盈利情况等需要明确，在相关的政策中具有明确的规定，此外，也需要提交指定的审计报告。

三、传统交易所市场

证券业发展是资本市场发展的中坚力量，对于巴西而言，其历史悠久的证券交易所是成立于 1845 年的里约热内卢证券交易所和成立于 1890 年的 BOVESPA。到 20 世纪 80 年代，几乎各州都有证券交易所，其中在 1985

年成立的 BM&F 对巴西金融衍生品市场发展起到了至关重要的推动作用。

四、巴西证券期货交易所

(一) 基本情况

巴西在 2000 年对圣保罗证券交易所的股权交易实施了"新市场"（Novo Mercado）的改革，主要是引进严格的现代化公司治理制度，从而提高透明度，最终降低投资人风险。通过改革，巴西资本市场的自我监管能力得以建立提升，相关主体的自我监管标准均高于法定标准。此外，2002年的支付体制改革，以及卡多佐、卢拉在任期间实施的社会保障体系改革，对巴西资本市场的稳健发展发挥了基础性作用。

2007 年，巴西商品期货交易所（BM&F）和圣保罗证券交易所（BOVESPA）不约而同地进行了股份制改革，这场改革使交易所从非营利性的会员制转换为以盈利为目的的公司制，对于公司原有的会员而言，他们可以成为新的股份制改革后交易所的股东。同年，这两大交易所前后首次公开募股（IPO）上市，圣保罗证券交易所募集到 66 亿里拉资金，巴西商品期货交易所募集到 59.7 亿里拉资金。圣保罗证券交易所和巴西商品期货交易所在 IPO 完成后，对公众宣布其合并意向和具体的操作细节，并通过相关机构的批准开始正式着手两大交易所之间的业务和资源方面的重新整合，从而成立巴西证券期货交易所（BM&F BOVESPA）。

巴西证券期货交易所成为了拉丁美洲地区排名第一位的交易所、美洲地区排名第二位的交易所，同时拥有全球排名第三位的期权市场、全球排名第六位的 IPO 市场以及全球排名第十二位的资本集资市场。

(二) 全新的交易系统和平台

对于传统的市场准入而言，主要使用的是高速数据传输（Direct Memory Access，DMA）系统，即利用 FCM 通过电话作为媒介来联系下单。先前的交易都是通过市场公开喊价方式来实现的，并非基于 FIX 通信协议，但是如今 70% 的交易都是通过网络为媒介来实现下单交易。当前巴西证券期货交易所拥有的客户数量繁多，其中包括 5,000 个交易活跃的客户，这些客户中主要是一些机构投资者，最值得一提的便是巴西境内的银行，其所占比例高达 50%。

DMA 系统主要是依据 STP Order Input 标准来构建的，其中 STP Order Input 是一套交易系统，这种交易系统既高速又具有高容量。通过系统下单的延迟时间被压缩至 15 毫秒，这意味着每秒可下单 1,750 手，同时日容量超过 2,000 万手。交易平台主要包含两个系统和一个前端，其中的两个系统是 MegaBolsa 系统和 GTS 系统/WTR，而前端主要是 FIX 链接方案，这样的交易平台可以帮助交易所实现股票和衍生品交易的自动路由机制。

除此之外，巴西证券期货交易所还提供了全新的盘后交易标准，这个全新的标准包括完整的 DVP 和净额结算标准、保证金制度以及托管和结算服务标准。

（三）业务品种

巴西证券期货交易所上市的合约包括场内与场外两种。其中场内交易品种主要是阿拉比克咖啡、可尼龙咖啡、糖、乙醇、棉花、玉米、大豆、肉牛、小牛。而场外交易可以分为三大类，包括掉期交易、弹性期权和金属。掉期交易涉及利率、汇率、股票指数、物价指数和黄金；弹性期权包含了利率、汇率、股票指数三大品种，其中，巴西国内利率类合约、外汇挂钩债券合约和汇率合约占交易所成交量的 90% 以上。

第二节　债券市场

一、联邦政府债券

（一）规模与结构

2008 年，巴西联邦公债市场的容量在世界排名前十位。截至 2017 年，巴西联邦公债债务总额已经达到 GDP 的 70% 以上，处于较高水平。

（二）基本结构

在巴西市场上，使用竞争性招标方式发行的联邦公债主要有三种类型：固定利率债券、通货膨胀指数债券和浮动利率债券。

固定利率债券分为短期国债和中长期国债两种，巴西财政部通过不断滚动发行的方式发行四种期限的短期国债和两种期限的中长期国债，通过发行固定利率债券可建立的收益曲线具有更高效的特点。巴西财政部将短期国债作为基准利率从而创建 4 年以下的中期收益率曲线，将中长期国债作为基准利率创建 5 ~ 10 年的长期收益率曲线。

B 系列国债和 C 系列国债一起组成了通货膨胀指数债券（C 系列国债已经停发，仅在市场上仍有一定存量）。巴西财政部会根据现实情况和需求滚动发行不同年限的债券，例如 3 年、5 年、10 年等，使其流动性不断增强。巴西政府为了让通货膨胀率和债券收益率挂钩，通过持续发行浮动利率债券的方式来避免投资者的损失。

在巴西财政部发行的短期债券中，主要以隔夜利率为基准利率，目前包括 4 年期和 5 年期两个品种，按照发行量来计算是相对较少的。

2012 年，固定利率债券和通货膨胀指数债券占巴西各类债券的比重分别达到 39% 和 34%。从持有对象的角度来看，排名第一位的是养老金和共同基金，共占比 40%；排名第二位的是金融机构，占比达到 30%；同时非居民（境外投资者）占比也达到 14%。截至 2017 年，巴西政府债券的长期利率自修正案通过后就大幅下降，并且保持在远低于修正案前的水平。

（三）发行机制

巴西财政部组织发行巴西联邦公债，要求在巴西国债托管结算系统（SELIC）进行注册和授权，只有完成这些程序之后才有机会和条件参与招标。

为了能够更好地体现市场的透明度，巴西财政部每年年底都会对外公布下一年度的联邦公债发行计划安排，同时会在每月月初公布一些当月发行债券的具体细节，例如债券期限、投标上限、缴款日期等。其中，在每个星期四会正常进行固定利率债权的相关招标。同时，通过每周轮换交替发行短期国债和中长期国债来提高二级市场活跃度。其中 B 系列国债进行招标的频率每两个星期一次，一般安排在星期二。而期限长达 20 年、30 年等债券的发行频率则为每个月一次。

在进行投保时，每个承销商最多可投五个标位。巴西联邦公债承销团的成员主要是经过巴西财政部和中央银行授权的金融机构，用于推进联邦公债一级市场和二级市场的发展，全面有效地提高市场活跃度。目前，巴西联邦公债交易商由 10 家银行和 2 家独立的经纪公司或分销商组成。巴西财政部会根据实际情况，每隔 6 个月会对各承销团成员的表现情况进行评估，不符合条件的承销商会被剔除和替换。2010 年，巴西财政部根据现实发展情况对承销团进行了一定的整合，将一级交易商和特别交易商（specialist dealers）统一为一个整体，来有效地支持债券的流动性。新的机制使同一机构可以同时积极参与一级市场和二级市场。

整个招标过程有竞争性招标和非竞争性招标两类，在竞争性招标结束之后承销团有权（非义务）参与所谓的"特别性操作"，即联邦公债的第二轮招标，主要是在本次的竞争性招标中，在原先价格的基础之上，可以在对一定数量的债券再进行购买。

二、公司债券

巴西公司债市场规模不大，仅占了政府债券市场的 3%，大约为 300 亿美元。2015 年巴西 GDP 萎缩严重，有 5,525 家公司倒闭，创下 2008 年国际金融危机以来的最高纪录。而在 2017 年，巴西经济走出了之前负增长的阴霾，并且至少获得了 1% 的增幅。随着国际评级机构对于巴西相关机构的频繁降级，投资者对巴西的资产避之不及，巴西企业在境外市场发债成本已经达到了历史的高位。

第三节　基金市场

一、发展状况

巴西基金业因其强大的股票市场和固定收益市场而不断扩张，2008 年国际金融危机之后，绝大部分的固定收益基金资产基本未曾受到金融危机的影响，带动了巴西基金业不断发展壮大。

　　表 3.2 是 2017 年第四季度末开放式基金资产净值、净销售额以及基金数量的统计情况。2017 年第四季度末，全球开放式基金（不包括基金中基金）资产规模约为 49.29 万亿美元，环比下降 4.03%，资产规模下降主要是因为第三季度的股票市场表现不佳。

　　从表 3.2 看出，在不包括基金中基金（FOF）的情况下，巴西市场净资产占美洲市场净资产的 4.98%，巴西市场基金数量占美洲市场基金数量的 35.86%，占全球市场基金数量的 8.68%。在包括 FOF 的情况下，巴西市场净资产占美洲市场净资产的 6.82%，与不包括 FOF 的情况下所占的比重近似。巴西市场的基金数量占美洲市场基金数量的 44.89%，高于不包括 FOF 的情况下所占比重近 10%。

表 3.2　2017 年第四季度末开放式基金资产净值、净销售额及基金数量

单位：百万美元、只

地区	不包括 FOF			包括 FOF		
	净资产	净销售额	基金数量	净资产	净销售额	基金数量
全球	49,291,754	686,932	113,850	53,120,911	747,723	126,043
美洲	24,881,284	359,425	27,257	28,195,410	408,985	35,648
巴西	1,238,039	15,071	9,774	1,923,876	15,071	16,002

数据来源：美国投资公司协会（www.ici.org）。

表 3.3　2017 年第四季度末开放式基金按基金类别的资产净值

单位：百万美元

地区	合计	股票基金	债券基金	平衡/混合基金	货币市场基金	保本/保障基金	房地产基金	其他基金
全球	49,293,650	21,829,456	10,373,178	6,414,722	5,899,808	68,432	755,279	3,952,774
美洲	24,880,326	13,626,436	5,585,760	2,443,659	3,027,003	1,153	18,390	177,923
巴西	1,238,039	71,246	707,291	267,731	79,174	1,153	18,390	93,052

注：不包括 FOF 基金。

数据来源：美国投资公司协会（www.ici.org）。

表 3.4　2017 年第四季度末开放式基金按基金类别的净销售额

单位：百万美元

地区	合计	股票基金	债券基金	平衡/混合基金	货币市场基金	保本/保障基金	房地产基金	其他基金
全球	687,021	283,336	162,021	78,918	131,989	−3,102	13,030	20,832
美洲	359,514	135,944	106,037	22,291	92,533	−128	—	2,839
巴西	15,071	9,314	−3,611	8,412	−2,105	−128	—	3,190

注：不包括 FOF 基金。

数据来源：美国投资公司协会（www.ici.org）。

表 3.5　2017 年第四季度末开放式基金按基金类别的基金数量

单位：只

地区	合计	股票基金	债券基金	平衡/混合基金	货币市场基金	保本/保障基金	房地产基金	其他基金
全球	113,847	38,912	20,807	27,486	2,786	1,174	3,514	19,168
美洲	27,254	10,112	5,996	7,882	999	29	301	1,935
巴西	9,774	1,230	1,805	4,773	121	29	301	1,515

注：不包括 FOF 基金。

数据来源：美国投资公司协会（www.ici.org）。

　　由表 3.3～表 3.5 数据可以得出图 3.2～图 3.4。从图 3.2 按不同基金类别的资产净值比较分析可以看出，债券基金所占比重最大，高达 57%，其次是平衡/混合基金，所占比重为 22%，其余基金占比相对较小；从图 3.3 可以看出债券基金、货币市场基金和保本/保障基金的净销售额为负，且货币市场基金的数额最低，而股票基金的净销售额最高；从图 3.4 可知平衡/混合基金数量所占市场总数量的 49%，债券基金的数量占市场总数量的 18%，其他基金占 16%，股票基金占 13%，货币市场基金、保本/保障基金和房地产基金的基金数量较少。

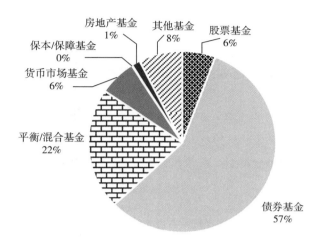

图 3.2 巴西 2017 年第四季度末开放式基金按基金类别的资产净值占比

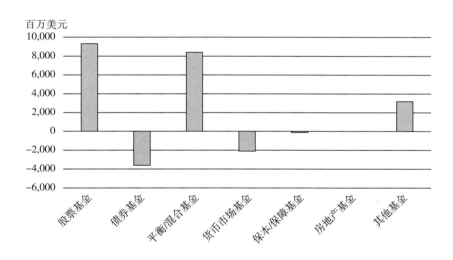

图 3.3 巴西 2017 年第四季度末开放式基金按基金类别的净销售额

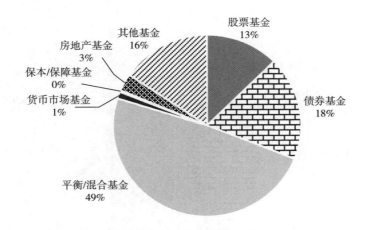

图 3.4 巴西 2017 年第四季度末开放式基金按基金类别的基金数量占比

二、主要类型

在 BM&F BOVESPA 现金市场中交易的投资基金有以下几种类型。

表 3.6 BM&F BOVESPA 现金市场投资基金

名称	中文名	结算期
Real Estate Investment Funds	房地产投资基金	T + 3
Private Equity Investment Funds	私募股权投资基金	T + 3
Stock Investment Funds	股票投资基金	T + 3
Amazon Investment Fund	亚马逊投资基金	T + 30
Northeast Investment Fund	东北投资基金	T + 3
Sectoral Investment Fund	部门投资基金	T + 3
Economic Development Fund of Espírito Santo	圣埃斯皮里经济发展基金	T + 3
Receivables Securitization Funds	应收账款证券化基金	T + 0
Stock Exchange Traded Fund	股票交易基金	T + 3

数据来源：巴西证券期货交易所（www. bmfbovespa. com. br/）。

2008 年，巴西证券监管部门废除了关于"基金投资海外资产的资金不得超过20%"的禁令，使这些基金能够进行多样化的投资来达到分散风险的目的。巴西证券交易委员会提出总部设在巴西的基金公司可以突破之前所设置的 20% 限制，投资海外资产，但是享有这一项权利的条件是资金额超过 100 万雷亚尔（约合 58.27 万美元）。

中国与巴西在基金市场的合作甚多，就近两年而言，2015 年巴西政府发布伊利亚和朱比亚水电站招标公告，三峡集团用了 42 天时间，以 138 亿雷亚尔（约合 37 亿美元）的价格成功中标，其中，作为基石投资者的中拉基金投资 6 亿美元。2016 年，复星集团宣布收购巴西地产基金 Rio Bravo 投资集团，Rio Bravo 投资集团是巴西市场领先的房地产基金管理公司，业务覆盖私募股权、股权基金、信贷基金、基础设施基金、财务咨询和多品类资产组合管理等领域。2017 年 5 月，在巴西圣保罗市举行"中国—巴西扩大产能合作基金"启动仪式，设立规模为 200 亿美元的双边共同基金，重点支持产能合作项目，有利于推进中国产能"走出去"，助力巴西工业化进程。

三、基金的设立及监管制度

巴西高度重视基金监管，通过设立一系列制度建设和考核措施来建立严格的监管措施，从而促进了巴西基金业发展。

首先，巴西的基金经理人都必须得到巴西证监会（SEC）和巴西金融与资本市场协会的认证，并且要直接对公司进行负责，在外部不能够担任与公司利益有任何冲突的职务，倘若出现违规的现象，巴西金融与资本市场协会有权对违规者进行惩罚。

其次，基金的招募书是由巴西投资基金协会来进行审核的，巴西投资基金协会不仅对招募书进行监管，而且还会对基金的分类、广告等多方面进行监管，以此来避免市场上可能出现的不合规做法。同时巴西投资基金协会的自我监管也不可或缺，有一些要求如披露的文件要得到巴西证监会批准等，通过这种方式让投资者了解更多的信息，同时避免基金投资的暗箱操作。

最后，基金管理主要负责根据法律建立、注册相应的批准基金，同时还需要提供招募说明书、广告、营销方面的材料。基金经理人不仅需要关注基金本身资产的管理与投资，还需要把握对整个资金的流动性控制等。

与此同时，巴西投资基金协会也会通过对基金活动的监视和跟踪来探寻更多需要监管的领域。随着基金资产的国际化，巴西投资基金协会要确保新增的国际资产可以达到巴西本地的要求。巴西投资基金协会也要保证这些产品定价的合理性，每天都要对这些价格进行信息披露。

第四节　期货市场

一、发展状况

随着金融市场的迅速发展，巴西形成了新兴市场中较为完善的金融衍生品市场，尤其是股票期权市场。1917 年，巴西圣保罗商品交易所成立，该交易所是巴西最早引进货币交易机制的交易所，就此拉开了巴西场内衍生品交易的序幕。1985 年，巴西商品期货交易所成立，1986 年开始正式交易，它所兼具的会员制与非营利性对巴西衍生品市场的发展具有十分重大的意义与作用。1991 年，巴西商品期货交易所和圣保罗商品交易所合并成为了新的巴西商品期货交易所（BM&F）。2007 年巴西商品期货交易所和巴西圣保罗证券交易所进行股份化改革，使交易所从非营利性的会员制变成以盈利为目的的公司制，原本的公司会员随之成为了新交易所的股东。2007 年 10 月，巴西圣保罗证券交易所率先 IPO 上市，募集了大额资金约66 亿里拉；2007 年 11 月，巴西商品期货交易所也进行 IPO 上市，募集了约 59.7 亿里拉的资金。2009 年，这两大交易所进行合并形成巴西证券期货交易所，至此，巴西金融市场一体化进程迈向一个新的阶段。

巴西证券期货交易所进行的交易涉及融合证券、基金以及衍生品交易等，其正在形成多资产的纵向一体化。交易所提供综合性的交易平台，并且可以通过交易所内部期货交易模块进行风险对冲，实现有效降低运营成本和提高运营效率的目标。从投资者的角度来看，通过交易所内部平台的帮助能够较为方便地使用现货与期货交易来进行风险再配置。巴西证券期货交易的特点体现在其保证金的统一集中管理、IPO 上市服务、场外交易产品登记、实时行情数据的发布以及相关软件的开发等方面。

表 3.7　2014 – 2017 年全球期货与其他场内衍生品成交量

单位：亿手

年份	全球总量	拉丁美洲地区	巴西证券期货交易所
2014	218. 3	15. 2	14. 2
2015	247. 8	14. 5	13. 6
2016	252. 2	16. 2	14. 9
2017	252. 0	19. 7	18. 1

数据来源：美国期货业协会（FIA）。

由表 3.7 的数据可以看出就全球总量而言，2017 年成交量比 2016 年同比下降 0.08%，期货与其他场内衍生品市场较繁荣，不容忽视的是 2017 年拉丁美洲地区的成交量占全球总量的 7.81%。2016 年，巴西证券期货交易所的成交量占拉丁美洲地区成交量的 91.88%。

二、巴西证券期货交易所整体框架

巴西证券期货交易所是在新市场（Novo Mercado）上市的公司，是管理股票、债券和衍生品交易市场的组织，公司总部位于巴西圣保罗，在纽约（美国）、伦敦（英国）和上海（中国）都设有代表处。巴西证券期货交易所的治理结构包括最高理事机构的股东大会、董事会和执行委员会。

巴西证券期货交易所董事会成员由股东大会选举产生，董事会拥有 11 名成员，其中大多数是独立董事。所有成员任期 2 年，可连任。董事会的职责包括制定战略，政策和目标，监督内部控制制度，特别是风险管理。每月定期举行会议，但必要时可召开会议。在 2015 年，共召开了 12 次。董事会下设以下主要委员会。

（1）董事会咨询委员会：董事会有权任命其咨询委员会成员，其任期两年。

（2）审计委员会：由 6 名成员组成，其中 2 人为独立董事，4 人为外部人员，审计委员会对内部控制结构和内部独立审计流程进行评估和审核，并审计财务报告。

公司治理与提名委员会由 3 名董事会成员组成，其中包括 2 名独立董事，该委员会的主要职责是维护公司行为及其附属公司行为的信誉和合法性，并选举和提名董事会候选人董事和执行委员会。

（3）赔偿委员会：由 3 名董事会成员组成，其中 2 名独立董事，该委员会审议、提出并监督对参数、准则和薪酬福利政策的调整。它也是改善人事管理模式的咨询机构。

（4）风险委员会：由 4 名董事会成员组成，对公司管理的市场流动性、信贷和系统风险进行分析评估，并评估公司的财务状况和资本结构。

（5）证券业中介行业委员会：共有 9 名成员，对公司管理的市场参与机构的问题进行评估，并向董事会提出建议，对加强这些机构的管理作出贡献。

巴西证券期货交易所执行委员会由董事会任命，共有 5 名成员：首席执行官，财务总监、企业和 IR 主管，首席运营官，首席信息官和首席产品官。执行委员会成员任期为 2 年，可再次任命。执行委员会的主要职责是向董事会提交年度管理报告，并提交上一年度净利润分配情况，提出年度和多年预算、战略计划、扩张计划和投资计划，并为公司的经营、社会经济和可持续发展活动制订指导方针。巴西证券期货交易所的治理结构如图 3.5 所示。

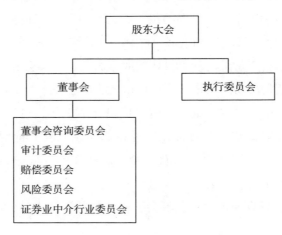

图 3.5　巴西证券期货交易所的治理结构

巴西证券期货交易所交易的产品范围广泛，提供了股票、证券、金融资产、指数、利率，农畜商品和外汇期货和现货合同上市及基金；公布报价；发行市场指数；发展系统及软件；推动技术的更新和其他的事宜，以市场价作为交易费成本，提供非常有吸引力的投资选择。

三、巴西证券期货交易所交易结算制度

（一）交易所结算架构

巴西证券期货交易所以清算会员净持仓为基本结算层，其结算架构如图3.6所示。

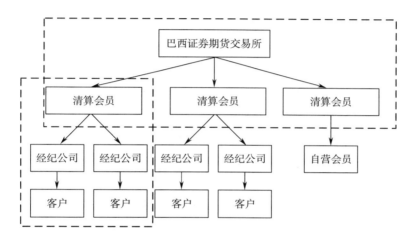

图3.6　巴西证券期货交易所结算架构

（二）会员的种类

巴西证券期货交易所的会员主要有以下几种。

（1）清算会员，主要指负责经由交易大厅或电子交易完成所有交易的注册、结算以及交割的会员。

（2）期货经纪公司，可以自营也可代理的普通期货经济机构，可在所有由巴西证券期货交易所管理的市场内进行交易。

（3）特别交易人，为自然人（或个人公司）只可以自己的名义交易，不可代理第三者进行交易。

（4）DL会员（清算会员）：仅参与国债现货交易的清算会员。

（5）DO会员（经纪公司）：仅参与国债现货交易的经纪公司。

（6）农产品经纪公司：仅参与农产品期货期权交易的经纪公司。

（7）特别经纪公司：仅参与场外金融产品交易的经纪公司。

（8）农产品特别交易经纪公司：如同特别交易经纪公司，农产品特别交易经纪公司可自营，但仅限于农产品市场。

（9）棉花经纪公司：专做棉花现货交易的经纪公司。

（10）普通会员：可以是自然人也可以是法人，这种类型的会员可以得到一定的手续费优惠。

（11）荣誉会员：原来圣保罗证券交易所会员。

（三）保证金及交易费用的收取

针对不同的产品，巴西证券期货交易所会采取不同的收取方式。由于巴西证券期货交易所收取保证金是采取净头寸的方式，因此要汇总清算会员的所有持仓品种，使得风险一般可以控制在80%之内，同时计算和评估客户的保证金净头寸，为经纪公司应当收取该客户多少保证金提供合理的建议，而且不允许经纪公司给客户透支。巴西证券期货交易所只负责监控客户的资金，只收取到清算会员的保证金，并汇总清算会员的所有持仓，用净头寸的方式收取保证金。

巴西证券期货交易所在每天下午1:00计算每个客户的盈亏情况，并且用T+0的方式计算；接着通知结算银行进行收款在14:15～14:30进行，最迟不超过14:50，巴西证券期货交易所的现金账户收到结算银行汇入的应收账款；在不迟于15:25，各清算会员在结算银行的账户上收到应收账款。每天的17:30再进行T+1的保证金结算，应收部分将于下个交易日的12:00前到账。具体的资金收付流程如图3.7所示。

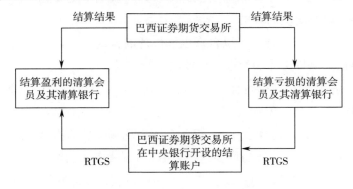

图3.7 巴西证券期货交易所资金收付流程

（四）交易费用的收取

通常在交易过程中主要产生以下几种费用。

（1）交易平仓手续费，任何期货或期权合约和非标准化合约（OTC 合约）的到期平仓、进行实物交割、现金结算、期权执行等都需要缴纳交易平仓手续费。如果当天开平仓交易，那么针对交易平仓手续费会有一定的优惠措施。

（2）登记费，同交易平仓手续费，但由衍生品结算所收取。

（3）交易行为费，实际意义为持仓手续费。该费用一般一个月收取一次，交易行为费的缴纳在合约开仓后至平仓或交割前。

（4）实物交割费，实物交割的交易双方需要缴纳的费用。

四、巴西证券期货交易所风险管理体系

（一）内外结合的风险管理运作机制

巴西证券期货交易所的金融管理机制在综合金融市场中显得与众不同，其风险管理的宏观决策层架构如图 3.8 所示。

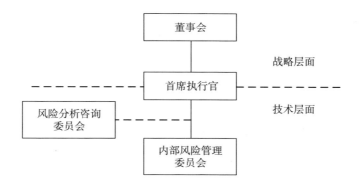

图 3.8　巴西证券期货交易所风险管理的宏观决策层架构

巴西证券期货交易所的内部管理中，其常设的会议是顾问委员会，该会议上，除了那些基本的高层之外，还包括大型外资银行（荷兰银行、花旗银行、汇丰银行、德意志银行、劳埃德银行、JP 摩根等）、巴西大型银行（Bradesco，Itau，BankBoston 等）以及里约热内卢天主教大学和圣保罗大学的金融学术专家。通过他们的参与来为大会提出更多的意见和建议，

避免在管理过程中产生过多风险，保证交易所的有效运行。

内部风险分析的重点在于内部风险分析系统的发展、优化和更新；宏观经济环境分析；确定保证金计算和分析参数；分析持仓集中度；讨论顾问委员会风险分析专题会议提出建议的实施方案和具体措施。该会议主要由首席执行官主持，IT 部门、交易和市场开发部、三个结算所、市场部、农产品部等部门都要参加，在每个星期四上午举办。

（二）自成体系的保证金计算系统

对于巴西证券期货交易所来说，其市场业务繁多，涉及范围广泛，品种多样，所以在保证金的计算会相对的复杂，为了能够有效解决潜在风险问题，巴西证券期货交易所会根据实际情况将合约按照流动性的不同进行归类，一般情况下主要分为两大类，即流动性好和流动性差的，然后根据合约的不同特点采取不同的计算模型。

1. 流动性好的合约（包括期货与期货期权）

这类合约的特征：逐日盯市操作方法，是标准化合约，头寸可以以市价在短时间内平仓。

采用的模型是净现值压力测试模型，该模型的原理如下：第一，分解持仓风险，总结出影响持仓价值的各种内外因素；第二，根据内部风险分析计算相关参数，设计各种因素的潜在发展情况；第三，测算各个因素在最坏情况下的持仓损失状况；第四，测算各种因素组合情况下，发生最坏的损失可能性。

2. 流动性差的合约（互换合约）：采用现金流压力测试模型

这类合约的特征：现金流只能在合约到期的时候产生；OTC 合约；不能在短时间内平仓。

巴西证券期货交易所规定流动性好的合约和流动性不好的合约之间存在的风险不允许互相抵消。巴西证券期货交易所对场外交易使用的风险测算模型与普通期货和期权产品使用的测算模型不同，对场外交易主要使用现金流压力测算模型。该模型的原理：第一，将每个注册的交易分解成为多头与空头两个部分来分别处理；第二，在处理分析每种可能的变化后，接着汇总上文提到的两个部分的计算结果按照相同的参数进行分类；第三，系统进行综合测算，测算出每种参数变化下的整个合约的盈亏，最终的结果是不同情况下合约到期执行的现金流；第四，保证金的选择是根据最坏的可能性（亏损方现金流最大的）来确定的。

由于进行互换交易的多头和空头两方在盈亏方面存在着时间顺序的先后，所以在使用现金流压力测算模型来计算综合现金流时，针对先盈利后亏损的情况可以进行相互抵扣，但是对于先亏损后盈利的情况则不可以用盈利抵冲亏损，直接使用亏损金额作为保证金的收取依据。

在使用现金流压力测算模型后，场外市场的风险管理得到加强，严格的保证金制度较为成功地解决了场外市场监管的难题，全面正规化管理的场外市场保障了巴西证券期货交易所对复杂多变的风险的管理，成功解决了目前世界上其他各国尚未能全面正规化管理的场外市场监管难题。

（三）日内实时保证金测算和追加系统

日内风险管理是一项重要的风险管理工具，尽管巴西证券期货交易所主要市场的交易结算模式采用的都是 T+1 或 T+N 模式，但它在巴西证券期货交易所仍被广泛使用，通过采用实时或准实时的风险衡量系统来避免风险的过度积累。

压力测试模型通过巴西证券期货交易所的结算所下的风险控制部门操作，以 15 分钟为间隔对结算会员风险进行不断的准实时测试。测算模型为结算会员保证金（抵押品）≥昨日持仓保证金及盈亏 + 新开仓合约保证金。在实际计算中，使用新开仓合约和老持仓合约重新组合后的相关数据来计算新投资组合下的保证金与实时盈亏。

可以使用系统软件来查找每个会员的保证金使用的具体情况，并且按照资金使用率高低来进行排序，标黄或标红那些超过系统报警设定的会员。结算所可以根据系统的提示直接让那些资金使用率过高的结算会员在当天就完成保证金的追加。

（四）保证金的收取

交割时间不一样，保证金的收取也有所区别。当交割的时间是 T+0 时不需要收取保证金，当交割时间为 T+1 时收取 9% 的保证金，而当交割时间为 T+2 时则收取 11% 的保证金，抵押品也可以作为保证金。巴西证券期货交易所收取的抵押品众多，但主要都是金融产品，例如联邦政府债券和以美元计价的联邦政府债券，这两种债券占抵押品总额的比例高达 88.65%。

巴西证券期货交易所在每天下午 1：00 之前是以 T+0 的方式计算每个客户的盈亏；在 14：15～14：30 通知结算银行进行收款，在最迟不超过 14：50 巴西证券期货交易所的现金账户收到结算银行打入的应收账款；15：25 之前，将应付账款付到各清算会员在结算银行的账户上。每天的 17：30 再进行 T+1 的保证金结算，应收部分将于下个交易日的 12：00 前到账。为了避开日内风险，巴西证券期货交易所对衍生品的清算是每 20 分钟一次，这样便可以保证这些客户的风险控制在 80% 以内。巴西证券期货交易所共有 3 个结算所，而每个结算所都会有 2 个结算账户在中央银行，其中一个用来存放货币资金，这些货币基金主要用来收取会员交易的费用和会员结算盈亏的收取与支付，另一个只用于会员保证金的存放。

巴西证券期货交易所对保证金的收取主要采用的是净头寸的方法，因此要汇总清算会员的所有持仓品种，通过测试对该会员的风险进行评估，其风险不能超过 80%，同时计算和评估客户的保证金净头寸，为经纪公司应该收取该客户多少保证金提供建议，而且不允许经纪公司给客户透支。巴西证券期货交易所主要是负责对客户资金进行监控，仅收到清算会员的保证金，并对清算会员的所有持仓进行汇总用净头寸的方式收取。

（五）灵活的限仓制度

巴西证券期货交易所对风险管理手段主要是以限仓制度为主。

首先，巴西证券期货交易所的限制措施主要采取相对数量与绝对数量两种。其次，限仓采用净持仓模式计算。巴西证券期货交易所设定了相关的参数，金融期货、期权、远期合约以及场外交易持仓可按照这些设定的参数进行相互风险对冲，然后计算剩余持仓部分，从而判断其是否超过限仓规定。经纪公司可以根据客户自身风险管理与投资需要来向交易所提出哪些客户的持仓不要相互对冲。交易所内部风险分析会修改和调整金融衍生品及 OTC 市场的对冲参数和限仓数量。最后，限仓可以突破。如果经纪公司或投资者的持仓超过限额，巴西证券期货交易所会依据风险程度以及市场情况作出相关规定，规定不允许超仓，或者对其超仓部分除了正常保证金外，加收合约价值15%的追加保证金。

因此巴西证券期货交易所是实施在严格的情况下进行有条件宽松型的限仓制度，即严格限制投资者，但可依据市场风险的实际情况进行适度放松。

（六）公司治理模型的四道防线

巴西证券期货交易所拥有一套具有持续改进战略目标的公司治理结构。为此，它们在人力资本、基础设施和技术解决方案方面大量投入，以实施关于内部控制、流程管理、企业风险缓解和财务建模、合规性、信息安全和业务连续性的最佳做法。巴西证券期货交易所的公司治理模型共设有四道防线。

（1）业务领域，业务领域是负责管理业务风险和内部控制的主要责任方，确保业务和战略目标得到满足。

（2）内部控制、合规性和公司风险，通过指导和提供对内部控制、风险和合规的评估，支持公司业务和管理领域的决策。

（3）内部审计，负责监督、评估和提出建议，寻求加强内部控制以及管理层制定的政策和程序。内部审计为董事会，审计委员会和高级管理层提供了基于组织内最高水平的独立性和客观性的广泛评估。同时提供了治理有效性，风险管理和内部控制的评估，包括第一道和第二道防线如何实现风险管理和控制目标。为达成目标，巴西证券期货交易所内部审计采用内部审计师协会（IIA）推荐的国际内部审计准则。

（4）独立外部审计，它审查财务报表以检查它们是否包含不重要和不准确之处，并且它们是否具有适当的结构。巴西中央银行和巴西证券交易委员会作为监管机构，评估公司是否有足够的基础设施来执行其系统性活动和遵守现行规则。

除了通过这四道防线进行环境监测外，公司董事会还协助下列委员会进行风险管理监督。

（1）审计委员会，审计委员会监督和验证内部审计和独立外部审计的质量，评估公司及其子公司的财务报表，监督负责起草报表的领域以及公司章程和现行法规中预见的其他归属。此外，还将评估内部控制和风险管理结构的有效性和充分性，包括法律、税务和劳动风险。

（2）风险和财务委员会，监督和评估公司经营（具有战略性和结构性重点）的市场流动性，信贷和系统风险，并评估公司的财务状况和资本结构。

第五节　期权、远期和其他衍生品市场

衍生品是一种高度市场化的价格发现手段、风险管理工具和资源配置方式，它能够在加强金融市场的弹性、保障经济持续稳定发展、实现经济发展方式转变的过程中发挥着极其重要的作用。衍生品是以保证金交易为特征，其价值依赖于标的资产价值变动的合约，根据产品形态的不同，衍生品可以划分为远期、期货、期权和互换四大类。

巴西在 20 世纪 80 年代发生了债务危机，并且引发了整个区域的恶性通货膨胀，当时巴西的通货膨胀率一度高达 3,000%。1986－1991 年，巴西政府出台的货币稳定计划有五次之多，试图控制恶性通货膨胀。这一过程中货币体系崩溃，货币单位几经更替，汇率波动也十分剧烈，催生了投资者强烈的避险需求。

在此背景下，巴西的衍生品市场应运而生，并在 20 世纪 80 年代得到飞速发展。新兴市场最早的金融衍生产品是巴西圣保罗证券交易所在 1979 年推出的个股期权，现已成为全球个股期权的重要产品。巴西商品期货交易所（BM&F）在 1986 年推出股指期货，到了 1987 年推出外汇期货（美元期货），又在 1991 年推出利率期货（银行间隔夜拆借利率期货）。如今有 100 多种衍生品产品活跃在合并后的巴西证券期货交易所（BM&F BOVESPA）上，这 100 多种衍生产品的产品线从简单的股指期货与期权到复杂的结构性期权与利率产品。

2015 年全世界的期货和其他场内衍生品成交实现大幅度的增长，与往年的微弱增长大不相同。根据美国期货业协会（FIA）的统计数据表明了全球 78 家交易所中期货与其他场内衍生品的成交量，2015 年全球交易所合约成交量与 2014 年的数据相比增加了 13.48%，已经达到 247.76 亿手，与 2011 年 250 亿手的高峰相差不多。在细分成交的具体数据中，期货和期权合约的成交量都展现出一个增长的势头，其中全球期货成交量增长19.3%。2016 – 2017 年巴西期货与其他场内衍生品成交量情况如表 3.8 所示。

表 3.8　2016 – 2017 年全球期货与其他场内衍生品成交量情况

单位：亿手、%

地区	2016 年	2017 年	同比变化
全球总量	252.2	252.0	− 0.08
拉丁美洲地区	16.2	19.7	21.60
巴西证券期货交易所	14.9	18.1	21.48

数据来源：美国期货业协会（FIA）。

从表 3.8 可以看出，2017 年拉丁美洲地区期货与其他场内衍生品成交量占全球总量的 7.82%，其中巴西证券期货交易所的期货与其他场内衍生品成交量占拉丁美洲地区成交量的 91.88%，可以看出巴西衍生品市场在拉丁美洲地区衍生品市场上所占的重要位置。其中，2016 年巴西证券期货交易所的一天期银行间存款期货交易量在全球利率期货及期权成交量排前三位，在 2017 年，巴西证券期货交易所的期货与其他场内衍生品成交量同比增加 21.48%，成交量大幅增长。可见巴西证券期货交易所的业务成长迅速。

一、期权与远期市场

1979 年，巴西证券市场上便出现了期权交易，巴西是全球期权市场发展最早的国家之一，并且该市场的交易非常活跃。现在在巴西的期权市场已推出各种期权品种包含股票、股指、商品、利率和外汇等，在这些品种中又以股票期权与利率期权成交量最大。表 3.9 为 2012 年巴西期权交易全球占比分析。

表 3.9　2012 年巴西期权交易全球占比分析　　单位：手、%

产品	巴西	全球	占比
股票期权	929, 284, 637	3, 846, 707, 023	24. 16
股指期权	1, 045, 256	3, 739, 914, 517	0. 03
利率期权	124, 149, 573	558, 369, 884	22. 23
ETF 期权	1, 540, 039	1, 324, 174, 136	0. 12
商品期权	886, 324	178, 182, 277	0. 50
外汇期权	9, 422, 497	272, 263, 072	3. 46
总量	1, 066, 328, 326	9, 918, 510, 909	10. 75

2012 年，巴西期权市场总成交量超过 10 亿手，仅股票期权交易就达到了总交易量的 87.15%，利率期权交易占比超过 11%，由此可见巴西股票期权交易的活跃度非常之高。从全球期权市场交易情况来看，2012 年巴西股票期权交易量占全球总交易量的 24.16%，市场规模庞大。此外，巴西的利率期权交易量也非常大，超过了全世界交易总量的 1/5，外汇期权交易量占全球交易总量的 3.46%。巴西的多种期权品种的交易量都能居世界前列。

在巴西远期市场中，最不容小觑的部分便是巴西外汇远期市场。巴西外汇远期市场有三个特点：一是企业的交易份额较低，仅占 25%；二是跨境交易很活跃，占 68.3%；三是巴西外汇期货市场规模远大于外汇远期。巴西场外的远期市场每天交易额为 38 亿美元，而外汇期货市场每天交易达 192 亿美元，巴西企业也主要利用外汇期货市场规避汇率风险。总体上，巴西外汇远期和外汇期货市场主要服务于本国企业。

二、外汇衍生品市场

1987 年巴西已经上市了外汇期货，是新兴市场经济体中较早上市外汇期货的国家之一，但是巴西合法的外汇远期是在 1994 年才正式开始交易的。目前巴西场内外的外汇衍生品种类较丰富，同时形成了以场内市场为主、场外市场为辅的结构。从历史角度来看，巴西大力发展外汇衍生品是经历数次金融危机之后的必然选择，并因宏观经济主导和微观主体需求的共同作用而产生，在经济发展中占据重要的位置。巴西货币当局在多次金融危机中发现，系统性金融风险可以通过向市场提供外汇避险工具的方式避免。巴西中央银行由此意识到避险机制对于金融体系的稳定乃至整个宏观经济发展的重要性，并决定推动外汇衍生品市场的发展。

事实上，巴西自 20 世纪 50 年代末就开始与通货膨胀作斗争，然而数次计划均以失败告终。真正可以算成功的只有 1994 年的第六次计划——"雷亚尔计划"（Real Plan），该计划是使用汇率为名义降低通货膨胀率，即雷亚尔与美元的汇率保持在 1∶1 附近。"雷亚尔计划"虽然比较成功地对恶性通货膨胀进行了遏制，但是投机者容易攻击这种"爬行钉住美元"的有管理的汇率机制，并最终引发了 1999 年汇率制度的崩溃。1999 年 1 月以后，巴西中央银行采取浮动汇率制度，同时确立了"通货膨胀目标制"的货币政策框架。所幸在这次危机中巴西中央银行通过向市场提供与美元挂钩的公债等外汇避险工具，避免了系统性金融风险的爆发，也保证了经济的增长。但推行"雷亚尔计划"之后，私人部门外债迅速上升，汇率变动对企业外债产生负面影响，企业通过外汇衍生品降低风险暴露程度的需求增长，促进了外汇衍生品市场的发展。

期货、期权和一些结构性产品是巴西场内外主要的外汇衍生品，外汇期货产品中，除了美元兑雷亚尔期货，交易所在近几年又相继上市了欧元、日元、英镑、人民币等 12 种货币的外汇期货产品，以及一些相应的"迷你"外汇期货产品。巴西证券期货交易所的外汇产品线不论横向还是纵向都在不断延伸，交易所在美元期货的基础上进行创新，推出了一些结构性策略产品，如美元远期点和美元波动率等。

第六节　外汇市场

巴西的外汇管理制度相对其他国家而言，更具有拉丁美洲特色，虽然资本项目可兑换在巴西已实现，意味着在巴西可以自由买卖外汇而不受限制，但从实际操作而言，巴西应当属于严格外汇管制国家。巴西中央银行规定企业与个人不可以开立外汇账户，除了一些特殊单位如外交机构等，外国企业只可以开立雷亚尔账户。这意味着雷亚尔不可以直接出境，也不可以自由兑换与在境外流通,同时外汇资金也不可以直接进入巴西境内。金融机构必须通过巴西中央银行的在线监管系统来慢慢完成每笔对外收付业务的信息登记,企业与个人必须要向银行提交中央银行规定的单据来申请结售汇,结成当地货币入账,外汇款项的划拨都在巴西境外完成。

一、"雷亚尔计划" 与汇率制度改革

(一) 1994 年:推出新货币雷亚尔和实行钉住汇率制

1984 – 1994 年是巴西"迷失的十年"。巴西长期实行扩张型的财政政策与货币政策,与之相伴的自然是通货膨胀率的居高不下。1994 年为了抑制通货膨胀,巴西实行了"雷亚尔计划",在这一计划中新旧货币的兑换率在当年 6 月 30 日为 1 雷亚尔兑换 2,750 旧货币。"雷亚尔计划" 主要把美元作为"名义锚",在这样的一个框架下实行爬行钉住美元的汇率制度。当时巴西中央银行规定巴西新货币雷亚尔与美元之间的汇率兑换比例为 1:1,雷亚尔的发行要求有 100% 的外汇储备。一旦超过 1 美元兑换 1 雷亚尔,政府就会进行干预。巴西政府想要利用这个计划来治理通货膨胀,在钉住美元的基础之上,通过紧缩性货币政策来实现双重目标:物价稳定与国际收支平衡。

虽然"雷亚尔计划"使通货膨胀率从 1994 年的 2,100% 下降到 1998 年的 4% 左右,成功地遏制了严重的通货膨胀,但同时,爬行钉住美元的汇率制度造成了雷亚尔高估,导致巴西经常账户的巨额逆差。根据国际货币基金组织测算,1994 – 1995 年,与美元 1:1 的汇率使雷亚尔币值被高估了 20% 左右;1997 年亚洲金融危机之后,由于美元升值,雷亚尔高估值升至 30%。因为雷亚尔的高估,导致巴西出口成本的增加以及企业出口竞争力的削弱。

(二) 1999 年初:汇率完全自由浮动

亚洲金融危机使美元汇率大幅度升值、雷亚尔币值过度高估以及巴西经常项目出现巨额逆差。在这样的情况下,巴西不得不大量引进外资,保持资本项目顺差,从而维持国际收支平衡。1993 – 1997 年,巴西资本项目余额呈现明显的增长趋势,同时境外贷款也快速增长。1997 年,巴西进入

偿还内债的高峰期，政府不断地从国内外市场借入新债还旧债，这样的做法不但加大了国内货币市场的压力，而且也给外汇市场造成相当大的冲击。1998 年，资本流入发生逆转，国外资本开始逃离巴西市场，仅 8～10 月巴西就损失了近 300 亿美元的外汇储备，许多外国银行不再为巴西提供贷款展期，国内公司纷纷提前赎回发行的债券来防止汇率贬值。

巴西政府希望实行高利率政策促进雷亚尔汇率的稳定，并防止外汇储备的大量流失，阻止资本外逃。在很短时间内，巴西中央银行将其基准利率从 34% 提高到 41%，然而在钉住美元的汇率制度安排下，高利率并不能改变资本外逃和雷亚尔贬值的趋势，许多商业银行出现了挤兑风波。据统计，到 1998 年底，巴西的外债余额达到 2,300 亿美元左右。

1999 年 1 月 13 日，巴西正式宣布改革爬行钉住美元的汇率制度，扩大雷亚尔兑美元的汇率浮动区间，即从 1.12～1.20 雷亚尔兑 1 美元扩大到 1.22～1.32 雷亚尔兑 1 美元，雷亚尔随之急剧贬值，巴西股市大幅下挫。1 月 15 日，巴西中央银行再次放宽雷亚尔兑美元的浮动区间，并允诺在 18 日前中央银行不再采取任何干预措施，雷亚尔随即再度贬值，一度达到 1.50 雷亚尔兑 1 美元。1 月 18 日，巴西中央银行发表公报，宣布雷亚尔兑换美元和其他主要货币实行完全自由浮动的汇率制度，即雷亚尔的汇率水平完全由市场来决定，只有在市场出现雷亚尔兑美元汇率波动幅度过大的情况下，中央银行才会进入外汇市场进行有限的、暂时的干预。至此，雷亚尔完成了从钉住美元到完全自由浮动的转变。

（三）1999 年中：实行通货膨胀目标制

在"雷亚尔计划"崩溃后，为克服危机，防止通货膨胀反弹，卡多佐总统于 1999 年 6 月 21 日宣布巴西将实施通货膨胀目标制。7 月 1 日，通货膨胀目标制正式启动。通货膨胀目标最初定为 8%，2000 年为 6%，2001 年为 4%，2002 年为 3.5%，2006 年定为 4.5%（通货膨胀目标区间为通货膨胀目标 ±2%）。从 2004 年后，巴西的通货膨胀率基本平稳回归到通货膨胀目标区间内。

二、严格外汇交易登记管理基础上的外汇管理

从经济理论和政策层面来看，巴西已经基本上实现了对经常项目和资

本项目的兑换。巴西在 1988 年已经允许居民通过在外资银行开立的非居民账户把本币资产兑换成外币资产，在 2005 年又取消了外汇买卖的数额限制。巴西对资本流出的管制始终维持开放的态度，但同时强化了对资本流入的管制。总的来说，巴西外汇买卖自由但外汇管制严格。

（一）不允许在境内金融机构开设外汇账户

巴西外汇管理相关条款规定，除金融机构和特定机构外，巴西境内的居民、非居民（公司、自然人）均不得在巴西的商业银行开立外汇账户和保留现汇。尽管在 2004 年允许个别非居民自然人在巴西境内开办个人外汇现钞账户，但限制仍极为严格。巴西的企业和居民只能通过金融机构在离岸金融市场（如纽约和香港）开立外币账户并持有外汇。在巴西境内只能收付本币，境内外之间的资金收付必须通过金融机构实现本外币兑付和收支。

（二）雷亚尔是唯一的货币

在巴西，除了银行和非银行金融机构可以持有现汇，以及持有外国护照的人可以携带不超过等值 5,000 美元的外币现钞外，其他任何机构和个人均不得持有现汇或现钞。这一法律规定排除了外币在巴西境内的流通，能够有效防止外资对巴西货币和经济的冲击。巴西本国和外国企业或个人在巴西的银行不能开立外汇账户，外汇进入巴西首先要折算成当地货币后才能提取。

（三）严格的外汇交易登记和事前审批制度

根据巴西外汇管理的相关规定，公司或者个人如若开展涉外贸易，都必须通过银行在巴西中央银行进行登记，登记的内容有外汇人、外汇人的名称和地址等，同时交易对方的名称、地址以及交易的内容等都是必填项。登记的主要目的是将其作为结算汇率和购买汇率的依据，公司和个人只有在中央银行网站上登记并获得审批号码才能到商业银行办理结售汇业务，商业银行必须获得审批号码后才可办理结售汇业务。

外汇交易登记有利于资金跨境流动监测。按照巴西的结售汇制度，交易主体在结汇或购汇时均在中央银行登记了每笔交易的具体情况，中央银行的电脑系统据此可以产生各种报表，使中央银行对资金的跨境流动、外债状况、基础货币投放等情况十分清楚，相关信息快捷及时，可为跨境资金流动监测、结售汇统计带来很大便利，克服了结售汇统计制度的缺陷，便于宏观政策的及时制定和实施。

（四）经常项目的结售汇管理

根据巴西《外汇管理法》的相关规定，金融机构经常项所获得的收入不需要结汇，且金融机构均为外汇交易市场主体，可自由入市买卖外汇。但是公司和个人的经常项下外汇收入则必须全额卖给商业银行，公司和个人不得保留任何外汇。公司和个人经常项下外汇支出，可以通过向商业银行购买支付的形式实现。

（五）资本项目的结售汇管理

根据巴西《外资法》的相关规定，外国投资者在巴西境内并不是所有行业都能投资，有行业的限制，除投资限制性行业外，外国投资者无须经批准即可在巴西登记设立企业。同时巴西《外汇管理法》也作出了相关规定，外国投资者应向巴西中央银行登记其投资合同或巴西公司登记机关的公司备案证明，其投资资本金必须全额结汇。同时，巴西境内的公司可自由向境外银行借款，但必须在中央银行登记，借款须全额结汇。外商投资获得的企业利润的汇出、借款本息的偿还均可自由购汇支付。巴西的外汇管制集中体现在结汇制度方面，对于购汇对外支付则基本没有限制。购汇自由政策虽然方便了企业和个人，但是当经济低迷时，会导致大量的资金向外流出。

第四章

货币政策

第一节　货币政策的发展与演变

1999 年，巴西金融危机突然爆发，国内经济形势急速下滑，巴西货币当局立即采取紧急措施来控制国内金融形势。1999 年 3 月 4 日，巴西中央银行新董事会经过全体决议，决定在全国范围内实行两项措施：一是制定通货膨胀目标制，二是平息国内外投资者对巴西金融市场的"恐慌"情绪。经过长达数月的研究和准备后，巴西总统卡多佐宣布将集中国内主要力量实施通货膨胀目标制。1999 年 7 月 1 日，通货膨胀目标制的经济制度正式在巴西拉开序幕。

2003 年初卢拉就任总统后，为了稳定国内经济形势，增强巴西经济对外资的吸引力，加强国际投资者对新政府的信心，卢拉政府在国际较低利率的基础上将国内利率大幅度提高。同时，由于存在通货膨胀现象，政府积极实行紧缩性的货币政策。2004 年，巴西国内经济增长速度有明显的上升趋势。由于当时国际市场上石油价格上涨明显，为了防止国内经济过热，巴西中央银行再次采取了紧缩的货币政策。2004 年 9 月至 2005 年 3 月的半年时间内，巴西中央银行每个月都在前一个月的基础上提高基准隔夜利率，直到通货膨胀压力减缓为止。

在此期间，巴西的利率水平与世界其他国家相比，处于相对较高的位置。通货膨胀目标制对巴西严峻的经济形势并没有产生理想的效果，但巴西中央银行认为这一措施具有十分重要的意义。因为它有利于缓解国内巨大的通货膨胀压力，与政府制定的货币政策的目标是一致的。按照通货膨胀目标制，2005 年巴西国内的通货膨胀率降为 5.1%，2006 年的通货膨胀率降为 4.5%，通货膨胀率在一定程度上得到了有效的控制。此外卢拉政府也十分注重政策实施的"非政治化"，同时要求制度必须能够最大限度地避免价格的波动性。但由于巴西国会存在代表多个不同利益集体的组织，卢拉政府的上述观点并没有获得各方支持。2007 年 1 月 1 日卢拉开始其第二个总统任期，卢拉认为此时巴西宏观经济发展状况处于历史最好时期，应该以更加强烈的愿望来促进国内经济发展。他强调，为实现快速、持久和公正的发展，必须将社会政策运用到宏观经济中，改善不同阶层人民的收入状况，增加平等的就业机会，使巴西所有人都能分享到发展的成果。

2008 年国际金融危机爆发，世界上大部分国家的经济开始衰退，巴西坚持通货膨胀目标制，且还运用反常规的经济政策来对宏观经济形势进行调控。2010 年，巴西的通货膨胀率攀至新高；与此同时，经济走向也呈现良好的发展态势，增长达 7.5%。在这样的背景下，巴西不再采取降息政策，而是将基准利率从 8.75% 提高到 9.5%，且在之后的周期内一直采取加息政策，最高达 12.5%。

2012 年，全球经济再次陷入低迷。为稳定国内经济形势，巴西中央银行采取降息政策。2012 年 10 月，巴西中央银行将基准利率降为 7.25%。但是之后由于通货膨胀，巴西连续加息 12 次。2014 年，巴西经济衰退十分显著，全年经济增长率仅为 0.2%，但是通货膨胀率水平却高到 6.41%，逼近中央银行调控目标的上限。

到了 2016 年，巴西雷亚尔却处于不断上涨的趋势。2016 年初巴西雷亚尔处于 3.9593 的高点，到年末则回落至 3.2532，全年上涨高达 22%。雷亚尔的升值主要是由以下几个方面引起的：其一，美元在 2016 年初已经处于阶段性见顶态势，因此在技术层面面临着巨大的回调需求；其二，国际大宗商品价格有所上升，在一定程度上缓解了铁矿石出口国家的货币贬值压力，因此雷亚尔有所提振；其三，2016 年巴西顺利举办里约奥运会，带动了巴西国内的消费需求，增加了国内投资；其四，由于全球中央银行实施的量化宽松政策，致使投资者在新兴市场国家寻求高收益的投资回报，巴西成为较好的选择之一。

为刺激经济复苏，巴西中央银行自 2016 年 10 月起开始了新一轮的降息。2017 年 2 月 22 日，巴西中央银行将基准利率下调至 12.25%。相对之前较高的 18.75% 的基准利率，巴西利率水平的下降幅度已经超过了 34%。

从 2016 年 10 月到 2018 年 3 月，巴西中央银行连续降息 12 次。2018 年 3 月 21 日，巴西中央银行决定将中央银行基准利率从 6.75% 下降到 6.5%。2018 年 8 月 1 日，巴西中央银行货币政策委员会第三次宣布决定维持基准利率 6.5% 不变。巴西中央银行在声明中表示，2018 年 5 月历时 11 天的卡车司机罢工对巴西经济增长造成了影响。外部经济环境对巴西经济发展仍具有挑战性和波动性。

尽管美联储维持联邦基金利率不变，但美国经济呈现强劲增长的态势将会让美元持续走强，给巴西等新兴经济体货币带来较大的负面冲击。同时，巴西的通货膨胀也面临着很大压力。因此，巴西决定维持基准利率不变。较高的利率水平对巴西的经济形势明显是不利的，它不仅为政府的公共债务带来了沉重的压力，也阻碍了巴西经济发展的活力。虽然利率水平降低有利于促进巴西国内的投资和消费水平，促进消费者指数的上升，但是在宏观经济的大形势下，巴西经济出现衰退仍然是不可避免的。

第二节　货币政策的决策机制

一、巴西中央银行

巴西中央银行（The Banco Central do Brasil）是根据 1964 年 12 月 31 日《第 4595 号法》成立的独立联邦机构，在巴西金融体系中发挥着十分重要的作用，是巴西金融体系中的最高决策机构。《1988 年宪法》规定，巴西中央银行具有垄断货币发行的权力。巴西中央银行的主要政策目标是维护雷亚尔的币值稳定，以及控制通货膨胀。

巴西货币单位是雷亚尔，目前巴西中央银行共发行七种面值的纸币和六种面值的硬币，纸币分别是 1 雷亚尔、2 雷亚尔、5 雷亚尔、10 雷亚尔、20 雷亚尔、50 雷亚尔、100 雷亚尔；硬币根据材质分为不锈钢硬币和其他金属硬币两个系列，分别是 1 分、5 分、10 分、25 分、50 分、1 雷亚尔。

（一）巴西中央银行的历史

巴西中央银行的货币体系最早可以追溯到葡萄牙殖民时代，早在 1694 年葡萄牙人就在巴西建造了铸币厂。1808 年，葡萄牙派往巴西的摄政官 Dom João VI 筹划在巴西建设中央银行和商业银行体系。同年，巴西银行（The Bank of Brazil）正式建立。巴西银行并非真正意义上的中央银行，除了负责存款、贴现和发行货币外，巴西银行还要购买和销售葡萄牙宗主国的皇家票据，这些额外的负担使巴西银行难以成为真正意义上的中央银行。1945 年，巴西银行总裁 Getúlio Vargas 颁布了《第 7293 号法》，成立货币与信贷总监署（SUMOC），SUMOC 成立的初衷是整顿混乱的金融市场，降低通货膨胀，筹备真正意义的中央银行。SUMOC 成立后主要有以下职责：（1）明确商业银行的法定存款准备金率；（2）规定贴现率以及流动性不足情况下的金融流动性支持；（3）限制银行的存款利率；（4）监督商业银行的日常管理；（5）制定汇率政策；（6）代表国家参加国际金融组织。巴西银行依然存在，同时扮演着政府银行的角色，职能包括：（1）管理对外贸易；（2）接受商业银行的法定准备金和意愿存款（voluntary deposits）；（3）代表公共部门的企业、财政部进行外汇交易；（4）具体执行由 SUMOC 以及农业、贸易和工业信贷银行（Bank of Agricultural, Commercial and Industrial Credit）制定的规定。此时，巴西财政部掌控了发行货币的权力。在创立中央银行之前，巴西货币当局的职能由 SUMOC、巴西银行和财政部三家共同承担。

1964 年 12 月，《第 4595 号法》正式宣告了巴西中央银行的诞生。根据巴西《65 号宪章》，法律必须在 90 天之后生效，于是巴西中央银行在 1965 年 3 月正式运行。巴西中央银行成立初期，只承担了部分中央银行职能。虽然中央银行是货币发行银行，但要根据巴西银行的需要发行货币；虽然中央银行是银行的银行，但金融机构仍可在巴西银行存放意愿存款；虽然中央银行是政府的银行、负责管理联邦公共债务，但巴西银行仍承担财政部出纳的职能。1985 - 1986 年，巴西进行了金融重组，逐步厘清巴西中央银行、巴西银行和财政部之间的职责关系。1986 年，政府废除了妨碍巴西中央银行管理的特殊账户（Special Account）和自动转移功能（Automatic Transfers）。1988年，货币当局的职能从巴西银行逐步转向中央银行，而与经济刺激、联邦公共债务管理相关的活动则从中央银行移至巴西财政部。《1988年宪法》还授权起草《国家金融体系补充法》，该法最终替代《第4595号法》，赋予了巴西中央银行作为国家金融体系核心的法律地位，明确了巴西中央银行的货币发行职能，规定了巴西中央银行的行长和副行长人员由巴西总统提名，但是参议院可以要求中央银行就政策问题展开公开听证。此外，宪法明确禁止巴西中央银行直接或间接向国库发放贷款。

（二）巴西中央银行的职责与架构

巴西中央银行是国家货币理事会的执行机构，根据国家货币理事会批准的条件限额发行和回笼货币，对金融机构进行再贴现和贷款，控制信贷规模，管理外国资本，负责国家外汇管理，代表政府与国外金融机构进行联系，开展国际金融活动，经营公开市场业务，与国家货币理事会共同监督和管理全国金融机构的活动。但是巴西中央银行并不直接代理国库，国库业务委托给国营商业银行巴西银行办理。

巴西中央银行董事长和董事人选由中央银行提名，经议会同意后由总统任命。巴西中央银行行长更换比较频繁，自1965年12月4日第一位中央银行行长 Denio Chagas Nogueira 上任后，至2016年7月8日新任中央银行行长 Ilan Goldfajn 上任期间，前后更换了30多位中央银行行长。

巴西中央银行总部位于巴西利亚，在全国设有9个行政办事处。巴西中央银行设1个执行秘书处，以及包括国会事务办公室、内审部、会计和金融事务部、银行私有化执行办公室、外债和国际关系部等在内的35个部门。

（三）巴西中央银行成本管理系统

巴西中央银行成本管理系统（The Banco Central do Brasil's Cost System）是巴西最主要的应用系统之一，在金融领域分析、评估和成本控制方面起至关重要的作用，能够提高资金的使用效率。从不同的时间发展阶段来看，巴西中央银行成本管理系统主要分为三个时期，具体如表4.1所示。

表 4.1　巴西中央银行成本管理系统的三个时期

	目标	过程
第一阶段 （1992 – 1998 年）	规划为国家重要的发展战略。	由巴西中央银行内部对系统进行全面的开发研究，由于部分技术原因，未能实现。
第二阶段 （1998 – 2000 年）	进一步提高成本管理系统在银行领域的作用。	在原先规划的基础上，依据宏观经济发展形势，制定最新的改进管理政策，并授权其他机构来进一步开发和创新。
第三阶段 （2000 – 2003 年）	在重压之下，巴西中央银行重新启动成本管理系统，使其在经济领域发挥作用。	2001 年 4 月至 2002 年 4 月，大量的资金投入后，巴西中央银行完成了需求和系统设置；2002 年 5 月至 2003 年 5 月，完成了巴西中央银行团队的培训工作；2003 年 6 月，正式投入使用。

　　该系统方案经过初期多次修改后于 2003 年 6 月建成，在通过严格的检测后开始正式投入使用。但该系统在运行初期依然面临很多困难，具体包括以下几个方面：一是作业种类繁多；二是组织规模较大；三是无法比较借鉴其他公共机构使用作业成本法的经验；四是使用的系统过时、信息不准确，给信息的收集和模块的整合带来了一定的困难。巴西中央银行成本管理系统的构建经验主要概括为以下几个层面（见表 4.2）。

表 4.2　巴西中央银行成本管理系统的成功经验

层面划分	主要做法
国家政策制度层面	2000 年《财政责任法》的补充法第 101 号的第 50 条第 3 款规定，公共管理部门在建设成本管理系统时，应当具有财务和资产管理、后续预算、评价功能。该项法律颁布后，保障了巴西中央银行成本管理系统的建设，使其具有法律效力。
目标界定层面	巴西中央银行建设成本管理系统，在最初巴西就对成本管理系统界定了明确的使用方向，主要目标是测控银行管理成本；量化公共服务价值；测算履行业务职能的效率和效能；收集有关银行计划制订的信息，帮助控制作业活动；遵守财政责任法。
组织层面	巴西中央银行在建设成本管理系统时，获得了管理层的大力支持，然后争取各个部门的配合与协作以及全行员工的理解与参与。巴西中央银行设立专业的项目工作组，从规划和预算管理部门和财务管理部门抽调专业人员成立工作组。

层面划分	主要做法
信息层面	利用提交工作简报、召开专题会、开展工作培训等多种渠道，对成本管理系统进行广泛、持久地宣传，通报开发进程等信息；举办有关工作论坛和拜访实施作业成本法的公共主体和私人公司；特别是，拜访在这个领域有实践经验的咨询公司，获取有关软件和做法的信息。
外部支持层面	在技术支持方面，巴西中央银行聘请具有多年经验的公司协助工作组调查银行需求及制定系统技术规格，另聘请外部咨询专家监控公司提供的服务，并向工作组提供建议。毕马威咨询公司和审计公司联合中标建设和实施成本管理系统，咨询公司负责为系统提供技术解决方案，审计公司负责开发可应用的模型。另外，巴西中央银行充分调动了内部团队与外部咨询公司的协作，使其积极参与项目开发，这样即使咨询公司合同到期后，内部团队也能够基于经验对成本管理系统进行维护。在资金支持方面，整个项目经费由银行现代化项目下的巴西中央银行行动工具改善项目基金支付，由世界银行的重建和发展（IBRD）项目赞助。

二、巴西国家货币理事会

巴西国家货币理事会（CMN）是巴西货币政策的主要权力机构，该理事会于1964年12月31日根据《第4595号法》设立，主要负责制定货币与信贷政策，以促进物价稳定和经济增长。国家货币理事会的组成人员有21人，主席由财政部长担任，成员包括计划发展部部长、中央银行行长、内务部长、农业部长、全国经济开发银行董事长和7名经总统提名、参议院批准的经济学家。国家货币理事会每月召开一次专门会议，研究与国家金融发展和安全相关的重要事项。

国家货币理事会下设货币与信贷专业委员会（Technical Commission for Currency and Credit），组成人员包括中央银行行长、巴西证监会主席、计划与发展部秘书长、财政部首席秘书长、财政部分管经济政策的秘书长、财政部分管国库的秘书长、中央银行副行长。

三、巴西中央银行货币政策委员会

巴西中央银行货币政策委员会（Monetary Policy Committee，COPOM）

负责制定货币政策并设定短期目标利率。该委员会于 1996 年 6 月 20 日正式成立，成立的初衷是使货币政策更加透明，同时让货币政策的决策流程日常化。自 1996 年以来，货币政策委员会的组织架构、目标和召开会议的频率发生了很多变化，这些变化反映了巴西货币政策制定的改变。

货币政策委员会的组成人员主要是巴西中央银行的行长和副行长，副行长包括负责经济政策的副行长、负责货币政策的副行长、负责国际事务和风险管理的副行长、负责金融监管的副行长、负责金融机构和农业信贷副行长、负责监察的副行长、负责行政的副行长、负责外部机构和公共关系的副行长。

从 2006 年起，货币政策委员会每年举行八次例会，每次持续两天。第一天出席会议人员包括：货币政策委员会成员、六个中央银行部门负责人、两名高级顾问、董事会执行秘书、行长特别顾问、新闻官，以及委员会邀请的其他部门负责人。第二天出席会议人员仅限于货币政策委员会成员和研究部负责人。会议议程包括：第一天讨论当前经济环境，涵盖通货膨胀指标、货币指标、财政收支、国际收支、外部宏观经济、外汇市场、国际储备、国内货币市场、公开市场操作、私人部门的通货膨胀预期、其他宏观经济变量的预期等；第二天讨论短期利率的替代方案和政策建议。在讨论结束时，各成员将投票表决目标利率水平及调整方向（SELIC Rate target and the bias）的提案。当货币政策委员会就某一决议的支持和反对票数相等时，行长有权投下决定性的一票。当天金融市场关闭后，选票将会对公众公布。六个工作日后，中央银行的官方网站将会公布货币政策委员会会议纪要（Minutes），主要对货币政策委员会的讨论进行总结，同时也为了增强透明度、记录和强调不同的观点。每季度末，货币政策委员会也会出版《中央银行通货膨胀报告》，对国内经济状况和最近一次货币政策例会关于通货膨胀的预测进行详细分析。

第三节　巴西货币政策总体目标

根据 1999 年 6 月 21 日的《第 3088 号法》，巴西正式实施通货膨胀目标（inflation – targeting regime）货币政策。

在此制度下，巴西中央银行作为国家货币理事会的执行机构，主要政策目标是维护雷亚尔的币值稳定，控制通货膨胀，同时支持巴西政府的宏观经济政策。

国家货币理事会负责制定通货膨胀目标和目标活动区间，并选择目标价格指数。通货膨胀目标一般提前两年制定，中央银行通过实施货币政策来实现预定的通货膨胀目标。如果通货膨胀目标未能实现，中央银行行长要向财政部长致公开信，解释其原因，并阐明将要采取的措施，以及这些措施的预计生效时间。巴西中央银行货币政策委员会负责制定货币政策并设定短期目标利率。SELIC 利率（interest rate for overnight interbank loans collateralized by government bonds，即银行间隔夜国债抵押贷款利率）是巴西货币政策委员会的政策利率，货币政策委员会可以具体设定目标利率水平，也可设定目标利率调整方向（bias）。如果货币政策委员会设定的是目标利率调整方向，那么中央银行行长可在下一次货币政策例会之前的任何时间，朝既定调整方向（放松或收紧）改变 SELIC 利率。

国家地理与统计局（National Bureau of Geography and Statistics，IBGE）发布广义消费者价格指数（Broad Consumer Price Index，IPCA），用来测量通货膨胀目标，并让该国通货膨胀率处于管理目标范围内。自 2005 年以后，巴西通货膨胀目标设定在围绕 4.5% 上下波动的一个对称区间内。2018 年，巴西国家货币理事会设定通货膨胀率管理目标中值为 4.5%，允许上下浮动 1.5 个百分点。

表4.3　巴西的通货膨胀目标及实际通货膨胀率

年份	规则	颁布日期	目标（%）	浮动区间（%）	上下区间（%）	实际通货膨胀率（%）
1999			8.00	2.00	6.00～10.00	8.94
2000	第2615号决议	1999－06－30	6.00	2.00	4.00～8.00	5.97
2001			4.00	2.00	2.00～6.00	7.67
2002	第2744号决议	2000－06－28	3.50	2.00	1.50～5.50	12.53
2003	第2842号决议	2001－06－28	3.25	2.00	1.25～5.25	9.30
	第2972号决议	2002－06－27	4.00	2.25	1.50～6.50	

年份	规则	颁布日期	目标（%）	浮动区间（%）	上下区间（%）	实际通货膨胀率（%）
2004	第 2972 号决议	2002 - 06 - 27	3.75	2.50	1.25 ~ 6.25	7.60
	第 3108 号决议	2003 - 06 - 25	5.50	2.50	3.00 ~ 8.00	
2005	第 3108 号决议	2003 - 06 - 25	4.50	2.50	2.00 ~ 7.00	5.69
2006	第 3210 号决议	2004 - 06 - 30	4.50	2.00	2.50 ~ 6.50	3.14
2007	第 3291 号决议	2005 - 06 - 23	4.50	2.00	2.50 ~ 6.50	4.46
2008	第 3378 号决议	2006 - 06 - 29	4.50	2.00	2.50 ~ 6.50	5.90
2009	第 3463 号决议	2007 - 06 - 26	4.50	2.00	2.50 ~ 6.50	4.31
2010	第 3584 号决议	2008 - 07 - 01	4.50	2.00	2.50 ~ 6.50	5.91
2011	第 3748 号决议	2009 - 06 - 30	4.50	2.00	2.50 ~ 6.50	6.50
2012	第 3880 号决议	2010 - 06 - 22	4.50	2.00	2.50 ~ 6.50	5.84
2013	第 3991 号决议	2011 - 06 - 30	4.50	2.00	2.50 ~ 6.50	5.91
2014	第 4095 号决议	2012 - 06 - 28	4.50	2.00	2.50 ~ 6.50	6.41
2015	第 4237 号决议	2013 - 06 - 28	4.50	2.00	2.50 ~ 6.50	10.67
2016	第 4345 号决议	2014 - 06 - 25	4.50	2.00	2.50 ~ 6.50	6.29
2017	第 4419 号决议	2015 - 06 - 25	4.50	1.50	3.00 ~ 6.00	
2018	第 4449 号决议	2016 - 06 - 30	4.50	1.50	3.00 ~ 6.00	
2019	第 4582 号决议	2017 - 06 - 29	4.25	1.50	2.75 - 5.75	
2020	第 4582 号决议	2017 - 06 - 29	4.00	1.50	2.50 - 5.50	

数据来源：巴西中央银行。

第四节　巴西货币政策中间目标

货币政策中间目标是处于货币政策最终目标和操作目标之间，中央银行在一定时期内和某种特殊经济状况下，能够以一定的精度达到的目标。在不同的国家，货币政策中间目标有不同特点，一般包括利率、基础货币、货币供应量等几个指标。

一、巴西基础货币

（一）巴西基础货币构成

基础货币，也称货币基数、强力货币、始初货币，因其具有使货币供应总量成倍放大或收缩的能力，又被称为高能货币，它是中央银行发行的债务凭证。近年来，巴西基础货币增长十分迅速，其基础货币期末余额主要由货币发行和银行储备两部分构成，其中货币发行所占比例最大，大致为 2/3 以上。表 4.4 为 1996–2017 年巴西基础货币供应量，由表 4.4 可以看出，巴西基础货币期末余额由 1996 年的 209,808.31 百万雷亚尔上涨至 2017 年的 270,287.15 百万雷亚尔。基础货币环比增长率由 1996 年的 8.12% 上涨至 2017 年的 11.98%。增长较快的两个时间段为 1997–1999 年和 2004–2007 年，其他时间段增长则相对平稳。

表 4.4　1996–2017 年巴西基础货币供应量

单位：百万雷亚尔、%

年份	基础货币：期末余额	基础货币（长期）	基础货币环比增长
1996	209,808.31	1,419,919.00	8.12
1997	291,920.94	1,886,987.00	64.68
1998	400,765.39	3,121,097.00	26.25
1999	457,308.68	4,221,933.00	31.99
2000	468,968.18	5,369,639.00	3.01
2001	528,230.75	6,550,166.00	15.25
2002	658,109.09	7,622,753.00	35.51
2003	770,805.74	8,522,482.00	4.04
2004	853,088.53	9,689,742.56	21.77
2005	983,739.64	11,011,493.95	15.35
2006	1,167,035.54	12,968,551.56	20.30
2007	1,411,400.51	15,598,200.00	21.31
2008	1,587,172.08	17,602,456.29	2.44
2009	1,714,791.56	20,652,974.74	13.34
2010	2,014,183.90	22,504,853.23	23.59
2011	2,235,471.64	24,453,129.79	5.84
2012	2,445,842.46	27,491,794.61	10.06
2013	2,580,285.75	30,110,577.74	9.36
2014	2,765,257.12	33,284,396.64	6.89

年份	基础货币：期末余额	基础货币（长期）	基础货币环比增长
2015	2,847,472.80	39,837,632.82	−2.25
2016	2,938,907.55	45,773,065.00	6.80
2017	3,120,092.05	51,649,629.00	11.98

数据来源：巴西中央银行。

（二）巴西基础货币变化

巴西基础货币变化主要是由国库证券、联邦证券、对外部门操作、金融流动性援助、存款、其他账户等几方面变化导致的。其中国库证券、联邦证券、对外部门操作等几方面所占比例较大。表 4.5 为巴西 1996－2017 年巴西基础货币变化，可见巴西基础货币变化没有明显的规律，但是与规模大小是有一定的关联的。

表 4.5　1996－2017 年巴西基础货币变化

单位：百万雷亚尔

年份	基础货币变化（国库证券）	基础货币变化（联邦证券）	基础货币变化（储备要求）	基础货币变化（证券）
1996	5,513.39	−29,670.50	242,436.00	1,419,919.00
1997	−5,074.93	22,158.70	353,642.00	1,886,987.00
1998	−15,106.53	27,854.80	384,673.00	3,121,097.00
1999	−15,563.29	34,925.16	215,826.00	4,221,933.00
2000	−26,539.15	21,398.84	181,511.00	5,369,639.00
2001	−11,944.93	41,318.27	191,664.00	6,550,166.00
2002	−20,483.70	90,722.09	367,745.00	7,622,753.00
2003	−1,064.49	11,180.80	655,386.00	8,522,482.00
2004	−48,292.47	57,838.48	719,632.00	9,689,742.56
2005	−43,007.73	2,808.48	823,784.00	11,011,493.95
2006	−59,510.71	−686.57	920,939.00	12,968,551.56
2007	−55,600.88	−73,974.53	1,089,554.00	15,598,200.00
2008	−74,312.40	34,058.55	1,252,411.00	17,602,456.29
2009	−52,311.51	11,280.60	717,643.00	20,652,974.74

87

续表

年份	基础货币变化 （国库证券）	基础货币变化 （联邦证券）	基础货币变化 （储备要求）	基础货币变化 （证券）
2010	−51,203.67	249,513.46	2,477,781.00	22,504,853.23
2011	−125,632.86	70,196.20	4,258,224.00	24,453,129.79
2012	−121,648.97	5,653.17	3,776,615.00	27,491,794.61
2013	−127,554.79	197,245.14	3,539,068.00	30,110,577.74
2014	−668.49	−76,307.20	3,895,735.00	33,284,396.64
2015	59,665.81	−124,016.06	3,599,715.00	39,837,632.82
2016	12,284.19	32,267.88	4,222,502.00	45,773,065.00
2017	52,132.88	−26,792.97	4,777,271.00	51,649,629.00

数据来源：巴西中央银行。

（三）巴西基础货币长期主要构成

从长期来看，巴西基础货币的构成主要是储备要求和证券发行总计。由图 4.1 可知，1996 – 2017 年巴西证券发行总量呈现逐渐上升的趋势，尤其是近两年来，增长十分迅速，达到了 40,000,000 百万雷亚尔。而从储备要求来看，2009 – 2010 年是一个比较大的转折点，上涨量较多，之后则处于比较平稳的趋势。

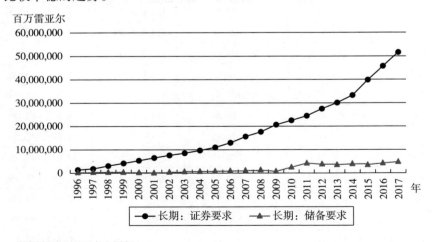

数据来源：巴西中央银行。

图 4.1 1996 – 2017 年巴西基础货币长期主要构成

二、巴西货币供给

货币供应量，是一国在某一时点上为社会经济运转服务的货币存量，它由包括中央银行在内的金融机构供应的存款货币和现金货币两部分构成。各国中央银行在确定货币供给的统计口径时，一般以金融资产流动性的大小作为标准，并根据自身政策目的的特点和需要对货币进行层次划分，货币层次的划分有利于中央银行进行宏观经济运行监测和货币政策操作。对巴西而言，巴西的货币供应量可以分为 M1、M2、M3、M4。其中，M1 主要包括活期存款和银行外货币，M2 在 M1 的基础上加入了投资存款、储蓄存款和私募证券等，M3 在 M1、M2 的基础上加入了固定收益基金配额、托付联邦证券等，M4 在 M1、M2、M3 的基础上加入了联邦证券、州属及市政证券等。可见，M1 至 M4 所包含的范围是逐渐扩大的，M4 的范围最广泛，规模大约是 M1 的 10 倍左右。M3 规模大约是 M2 规模的 2 倍，M4 规模比 M3 规模略大。

（一）狭义货币供应量 M1

基于较窄口径来看，巴西的货币供给主要由活期存款和银行外货币构成。图 4.2 为 1996－2017 年巴西 M1 变化情况，整体来看，M1 呈现出逐年上涨的趋势，尤其是 2001－2013 年，M1 的增长速度十分明显，这可能与银行外货币供应量逐年上升有关。由 M1 的构成图可以看出，在 2013 年之前，除少数几个年份外，巴西活期存款一直都保持较高的增长速度，且活期存款余额一直高于银行外货币余额。但是在 2013 年之后，活期存款余额呈现明显的下降趋势，且少于银行外货币。

（二）广义货币供应量 M2

巴西货币供应量 M2 则包含的范围比 M1 更广泛一些，除 M1 之外还包括投资存款、储蓄存款、私募证券等。其中，储蓄存款和私募证券所占比例较大，投资存款所占比例较小。在早些时候，巴西储蓄存款和私募证券金额大体相当，随着金融市场的发展，两者增长速度都十分明显。尤其是私募证券，在二十多年间，规模增长近 15 倍左右，增速远超储蓄存款。表4.6 为 1996－2017 年巴西 M2 构成情况。

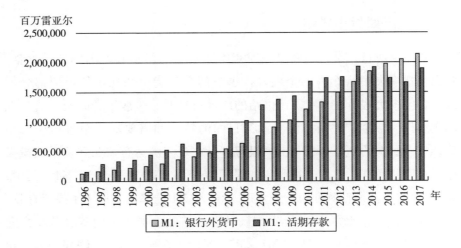

数据来源：巴西中央银行。

图 4.2　1996 – 2017 年巴西 M1 变化情况

表 4.6　1996 – 2017 年巴西 M2 构成情况

单位：百万雷亚尔

年份	投资存款	储蓄存款	私募证券
1996	—	788, 927. 71	1, 039, 946. 36
1997	—	1, 017, 059. 55	1, 027, 054. 29
1998	—	1, 222, 137. 75	1, 207, 418. 59
1999	—	1, 339, 407. 89	1, 203, 456. 06
2000	—	1, 329, 437. 60	1, 159, 683. 91
2001	—	1, 381, 430. 99	1, 284, 045. 63
2002	—	1, 557, 929. 47	1, 654, 784. 44
2003	—	1, 679, 129. 36	1, 930, 058. 35
2004	—	1, 800, 107. 46	2, 206, 684. 74
2005	9, 323. 60	1, 940, 203. 46	2, 861, 058. 91
2006	21, 523. 89	2, 065, 815. 85	3, 488, 544. 32
2007	38, 951. 04	2, 499, 310. 21	3, 682, 211. 32
2008	39, 455. 92	3, 017, 318. 10	5, 425, 832. 36
2009	36, 289. 03	3, 480, 376. 39	7, 162, 882. 53

年份	投资存款	储蓄存款	私募证券
2010	37,839.16	4,171,756.12	7,493,260.12
2011	13,678.99	4,772,448.70	9,766,532.41
2012	14.35	5,467,136.25	11,247,656.07
2013	0	6,546,933.18	11,667,186.13
2014	0	7,590,463.05	13,013,027.17
2015	0	7,835,237.30	14,479,419.59
2016	0	7,771,658.27	15,840,747.59
2017	0	8,206,826.20	16,654,498.47

数据来源：巴西中央银行。

（三）广义货币供应量 M3

M3 则在 M2 的基础上进一步考虑了固定收益基金配额和托付联邦证券。表4.7 为 1996－2017 年巴西 M3 构成情况。1996－1998 年，巴西尚未发行托付联邦证券。1999 年首次发行托付联邦证券 11,131.93 百万雷亚尔，至 2017 年增长为 1,466,302.89 百万雷亚尔。而固定收益基金配额在巴西金融市场存续时间则较长，1996 年巴西固定收益基金配额为 922,863.48 百万雷亚尔，在 2017 年则达到 32,775,316.36 百万雷亚尔，增长率十分惊人。

表4.7　1996－2017 年巴西 M3 构成情况

单位：百万雷亚尔

年份	固定收益基金配额	托付联邦证券
1996	922,863.48	0
1997	1,291,149.85	0
1998	1,383,373.41	0
1999	1,864,459.87	11,131.93
2000	2,763,965.27	243,600.36
2001	3,364,394.23	267,792.18

年份	固定收益基金配额	托付联邦证券
2002	3,430,685.75	148,032.36
2003	4,124,969.72	184,345.62
2004	5,404,040.21	229,259.03
2005	6,249,755.15	302,783.96
2006	7,635,724.92	350,544.87
2007	9,167,590.49	476,500.06
2008	9,529,097.58	718,646.91
2009	10,246,486.32	1,048,757.10
2010	12,360,924.93	1,072,385.87
2011	14,853,020.88	804,188.77
2012	18,131,252.98	1,715,779.35
2013	20,603,814.38	1,891,447.34
2014	22,398,299.56	1,927,934.33
2015	25,870,916.66	2,124,608.74
2016	26,304,846.85	2,489,437.14
2017	32,775,316.36	1,466,302.89

数据来源：巴西中央银行。

（四）广义货币供应量 M4

M4 将货币供应量的范围更扩展一步，进一步涵盖了联邦证券、州属及市政证券等。表4.8 为 1996－2017 年巴西 M4 构成情况。在 1996 年，联邦证券发行规模为 507,060.24 百万雷亚尔，州属及市政证券发行规模为 64,608.04 百万雷亚尔，二者相差近 8 倍但实际数额较小。随着巴西金融市场改革的推进，联邦证券的发行量增长十分迅速，在 2017 年为 9,950,703.14 百万雷亚尔。而自 2003 年后，州属及市政证券发行量降至 1,000 百万雷亚尔以下，最终于 2008 年退出巴西金融市场。

表 4.8 1996－2017 年巴西 M4 构成情况

单位：百万雷亚尔

年份	联邦证券	州属及市政证券
1996	507,060.24	64,608.04
1997	597,058.02	47,016.08
1998	884,624.85	33,570.18
1999	1,103,454.24	24,145.16
2000	973,080.95	17,399.36
2001	1,372,144.25	26,864.58
2002	1,464,407.65	29,483.63
2003	1,397,466.10	24,211.56
2004	1,494,252.52	9,292.96
2005	1,622,098.32	10,905.54
2006	1,944,778.87	2,220.05
2007	2,887,643.90	276.14
2008	3,733,600.78	246.55
2009	4,251,283.05	0
2010	5,480,211.97	0
2011	6,075,714.58	0
2012	6,575,447.42	0
2013	7,053,904.05	0
2014	7,929,899.08	0
2015	9,221,122.92	0
2016	10,272,540.31	0
2017	9,950,703.14	0

数据来源：巴西中央银行。

三、巴西利率水平

利率是影响社会货币供求，调节市场货币供给总量的一个重要指标，利率与货币政策目标具有高度的相关性。当经济发展出现繁荣或通货膨胀时，市场利率趋于升高；反之，当经济衰退或通货紧缩时，利率则呈下降趋势。中央银行可随时观察利率的动向，调节市场利率，因此利率是反映货币政策的重要指标之一。

（一）国债收益率

国债收益率是投资于国债债券这一有价证券所得收益占投资总金额每一年的比率，按 1 年计算的比率是年收益率。由图 4.3 可知 2008 – 2017 年，巴西 1 年期国债收益率最低为 7% 左右，最高达到 16% 左右，而美国和加拿大 1 年期国债收益率基本都维持在 2% 以下的水平。虽然较高的利率水平能在一定程度上吸引外国资本流入，但这也是造成巴西经济畸形的重要原因之一。

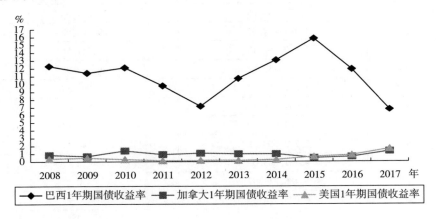

数据来源：巴西中央银行。

图 4.3　2008 – 2017 年巴西、加拿大、美国 1 年期国债收益率对比

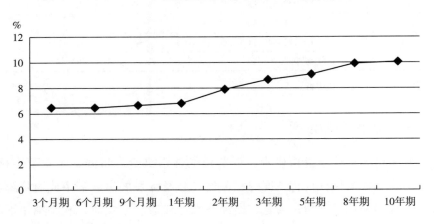

数据来源：巴西中央银行。

图 4.4　2018 年 12 月 7 日巴西不同期限国债收益率对比

（二）储蓄存款利率

储蓄存款利率是存款人将存款存放在银行等金融机构，作为报酬，金融机构支付给存款人报酬所占本金的比例。由图 4.5 可知，巴西储蓄存款利率波动较大，最高的时候高达 40% 以上，之后的 10 年则为 20% 左右，近 10 年利率水平则有所降低，但仍然高达 10% 左右。

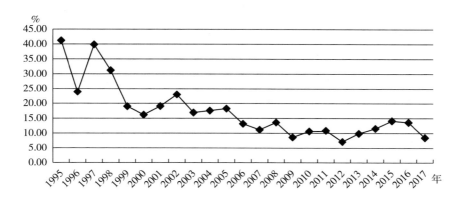

数据来源：巴西中央银行。

图 4.5 1995－2017 年巴西储蓄存款利率

（三）联邦基金利率

联邦基金利率（Federal Funds Rate）指同业拆借市场的利率。这种利率的变动能够敏感地反映银行之间资金的余缺，中央银行调节同业拆借利率能直接影响商业银行的资金成本，并且将同业拆借市场的资金余缺传递给工商企业，进而影响消费、投资和国民经济。由图 4.6 可知，近十年来，巴西联邦基金利率变化幅度较大，1997 年高达 302.14%，2013 年则降至最低点 98.14%，中间时间段则相对平稳。

2016 年 11 月，在巴西储蓄和贷款制度（SBPE）的基础上，联邦经济基金（Federal Economic Caixa）将房地产贷款减少了 0.25%。2018 年 4 月 16 日，该机构将巴西储蓄和贷款系统（SBPE）的房地产融资利率下调至 1.25%。最低税率从每年的 10.25% 下降到每年 9%。这项措施是为了鼓励建筑行业和房地产的融资。

巴西储蓄和贷款制度的目标是确保自治和提高透明度，防止私人和公共部门受到干扰。政府的建议符合世界银行和经济合作与发展组织提出的监管实践，以加强各机构的治理程序。为了监督企业提供公共服务，监管机构控制服务质量，并为石油、电话、电力、药品、食品、医疗计划和客运等行业制定规则。巴西项目运营商授权计划（OAS）取得了认证，在履行海关义务的同时，能够降低物流链外贸业务的风险程度，保障货物安全。运营商授权计划在国际上被视为主要的变革推动者之一，能够积极影响一个国家的商业环境和国际贸易。其目标包括：在国际贸易流动中提供更大的灵活性和可预测性；通过风险管理来实施工作流程，以实现现代化的海关业务；提高经济经营者、社会和国税局之间关系的信心水平，并签署相互承认协议（ARM），实现进出口国家的利益共享。

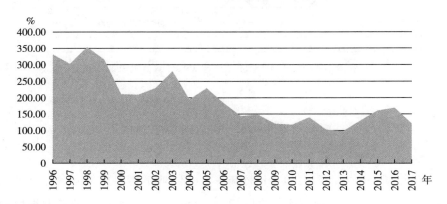

数据来源：巴西中央银行。

图 4.6　1996－2017 年巴西联邦基金利率

第五节　巴西货币政策操作目标

货币政策操作目标是中央银行运用货币政策工具能够直接影响或控制的目标变量。之所以设置操作目标，一方面，由于中央银行有时不能通过政策工具直接影响中间目标，为了及时掌握政策工具对中间目标的调节效果，有必要在政策工具和中间目标之间设置一些中间变量，通过这些中间变量来判断中间目标的未来变化。另一方面，由于货币政策最终目标不仅受货币政策措施的影响，同时还会受到一些非货币政策措施（如财政政策等）的影响，为了将这些影响与货币政策的影响区分开来，需要在政策工具与中间目标之间设置一些能够及时、准确反映货币政策操作力度和方向的中间变量。

一、存款准备金

存款准备金政策指中央银行对商业银行等货币存款机构的存款规定存款准备金率，强制性地要求商业银行等货币存款机构按规定比例上缴存款准备金；中央银行通过调整法定存款准备金以增加或减少商业银行的超额准备金，从而影响货币供应量的一种政策措施。

（一）巴西存款准备金基本情况

1996 年巴西金融机构的存款准备金水平仅为 490,143 百万雷亚尔，2017 年则达到 5,532,820.79 百万雷亚尔。尤其是 2009 - 2010 年，巴西存款准备金由 2,166,918.60 百万雷亚尔增长到 3,345,526.003 百万雷亚尔，规模在一年间扩大了一倍多，这与巴西中央银行规定的存款准备金率有直接关系。图 4.7 为 1996 - 2017 年巴西存款准备金水平变动情况。

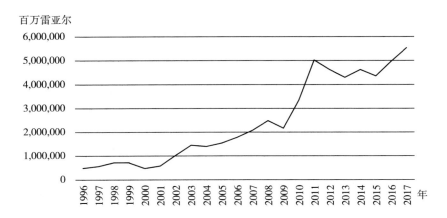

数据来源：巴西中央银行。

图 4.7　1996 - 2017 年巴西存款准备金水平变动情况

（二）存款准备金构成

从具体分类来看，巴西金融机构的存款准备金主要以货币和证券两种形式存在，具体如表4.9所示。由表4.9可知，1996－2017年货币形式的存款准备金整体呈现出平稳的上升趋势，证券形式的存款准备金则没有明显的规律。1996－1999年，货币形式的存款准备金在所有准备金中所占比例较大，证券形式所占比例较小；在2001年，差距逐渐缩小；直至2009年，证券与货币形式的存款准备金金额大致相当。但在2010年，证券形式的存款准备金大幅度下降，仅为473,965百万雷亚尔，2012年则完全退出巴西金融市场。至此，巴西存款准备金完全由货币形式表现。

表4.9　1996－2017年巴西存款准备金构成

单位：百万雷亚尔

年份	货币形式的存款准备金	证券形式的存款准备金
1996	336,462.00	153,685.00
1997	522,286.00	43,525.00
1998	611,633.00	125,257.00
1999	460,992.00	270,573.00
2000	399,994.00	98,911.00
2001	422,298.00	178,109.00
2002	654,997.00	389,047.00
2003	994,180.00	478,369.00
2004	1,066,896.00	364,155.00
2005	1,227,130.00	368,162.00
2006	1,410,053.00	450,308.00
2007	1,694,623.00	507,311.00
2008	1,870,055.46	818,981.00
2009	1,303,942.90	1,103,684.70
2010	3,168,360.00	473,965.00
2011	5,020,453.78	359,882.20
2012	4,623,907.65	0
2013	4,298,258.06	0
2014	4,624,927.58	0

年份	货币形式的存款准备金	证券形式的存款准备金
2015	4, 357, 167. 71	0
2016	4, 966, 882. 62	0
2017	5, 532, 820. 79	0

数据来源：巴西中央银行。

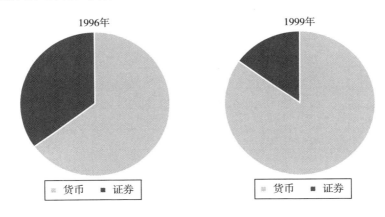

数据来源：巴西中央银行。

图 4.8　1996 年和 1999 年存款准备金货币、证券形式对比

货币形式存在的存款准备金主要是由附加要求、储蓄存款、资源需求三部分构成，具体如表 4.10 所示。起初，资源需求和储蓄存款所占比例较大，且金额大致相当。2002 年之后（除 2008 年和 2009 年），附加要求金额逐渐增多，在 2016 年和储蓄存款金额已基本持平，资源需求金额则相对较少。

表 4.10　1996－2017 年巴西存款准备金（货币形式）构成

单位：百万雷亚尔

年份	附加要求	储蓄存款	资源需求
1996	0	114, 956. 00	93, 803. 00
1997	0	147, 577. 00	168, 824. 00
1998	0	171, 520. 00	227, 423. 00
1999	0	183, 356. 00	244, 240. 00

续表

年份	附加要求	储蓄存款	资源需求
2000	0	179, 250. 00	218, 725. 00
2001	0	189, 339. 00	230, 935. 00
2002	0	270, 070. 00	287, 175. 00
2003	310, 040. 00	333, 486. 00	348, 873. 00
2004	347, 604. 00	357, 217. 00	360, 024. 00
2005	423, 035. 00	386, 803. 00	415, 781. 00
2006	497, 561. 00	412, 465. 00	500, 027. 00
2007	574, 876. 00	499, 790. 00	619, 957. 00
2008	614, 242. 00	603, 358. 00	647, 806. 00
2009	0	655, 138. 00	648, 389. 90
2010	983, 862. 00	789, 499. 00	765, 517. 00
2011	1, 773, 251. 99	915, 890. 74	862, 799. 18
2012	1, 614, 846. 71	1, 052, 538. 47	887, 802. 82
2013	1, 381, 245. 86	1, 265, 289. 96	841, 190. 09
2014	1, 465, 215. 98	1, 466, 071. 97	826, 893. 55
2015	1, 213, 132. 10	1, 557, 754. 49	775, 523. 80
2016	1, 185, 786. 38	1, 487, 925. 81	775, 504. 03
2017	—	1, 753, 939. 70	837, 371. 77

数据来源：巴西中央银行。

证券形式存在的存款准备金主要由定期存款和储蓄构成，具体如表4.11所示。

表4.11 1996－2017年巴西存款准备金（证券形式）构成

单位：百万雷亚尔

年份	定期存款	储蓄
1996	98, 015. 00	0
1997	639. 00	0
1998	55, 433. 00	14, 879. 00
1999	183, 282. 00	22, 243. 00
2000	0	20, 222. 00

年份	定期存款	储蓄
2001	51,030.00	18,878.00
2002	229,253.00	19,138.00
2003	286,698.00	19,405.00
2004	294,231.00	31,778.00
2005	315,066.00	53,084.00
2006	372,030.00	78,278.00
2007	387,264.00	120,047.00
2008	469,123.00	203,633.00
2009	301,864.80	240,709.00
2010	73,222.00	296,799.00
2011	0	359,882.20
2012	0	283,091.65
2013	0	208,446.94
2014	0	246,426.15
2015	0	236,598.69
2016	0	151,839.58
2017	0	104,676.99

数据来源：巴西中央银行。

二、货币市场利率

（一）货币市场利率种类

货币市场利率包括同业拆借利率、商业票据利率、国债回购利率、国债现货利率、外汇比价等。从利率形成的机制看，货币市场利率对社会资金供求关系有着灵敏性和高效性，是反映市场资金状况、衡量金融产品收益率的重要指标。而在众多货币市场利率中，隔夜拆借利率最具代表性。

隔夜拆借利率即银行间拆借利率，是各银行间进行隔夜的相互借贷所适用的利率，它是发达货币市场上最基本和最核心的利率。由图4.9可知，巴西市场隔夜拆借利率基本维持在10%～20%。变动比较大的是1997－1998年，隔夜拆借利率由2.9%上升到30%，这也是巴西近些年金融形势不稳定的原因之一。

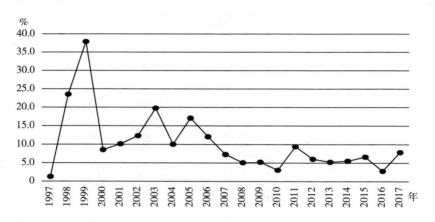

数据来源：巴西中央银行。

图 4.9　1997－2017 年巴西隔夜拆借利率

（二）市场利率对信贷的影响

2015－2017 年对平均信贷成本率（ICC）分解来看，捕获成本和违约成本占比较大，合计占比达到 61.90%。SELIC 利率不会直接出现在信贷成本的分解成本里。SELIC 利率通过影响信贷成本，来分解金融机构融资成本的影响。但从平均资金成本来看，该成本还取决于活期存款的数量。但是，SELIC 利率对家庭储蓄账户的影响较小。

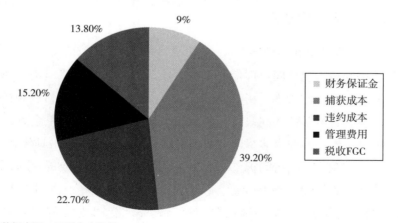

数据来源：巴西中央银行。

图 4.10　2015－2017 年信贷成本率对信贷成本平均值的分解

第六节　巴西货币政策最终目标

一、巴西经济增长情况

在经济增长方面，1995－2017 年，巴西 GDP 整体呈现逐年上升趋势，由 1995 年的 75,991 百万雷亚尔增长到 2017 年的 6,559,940 百万雷亚尔，增长近 9 倍，这与巴西连续多年的通货膨胀也有直接的关系。图 4.11 为 1995－2017 年巴西 GDP 变化情况。巴西国家地理与统计局（IBGE）公布的数据显示，2015 年和 2016 年经济增速分别为 －3.7% 和 －3.5%，巴西经济连续两年出现衰退。巴西上一次出现经济连续两年负增长是在 1930 年和 1931 年，当时经济分别下降 2.1% 和 3.3%。而此次连续两年累计经济衰退已超过 7.2%。

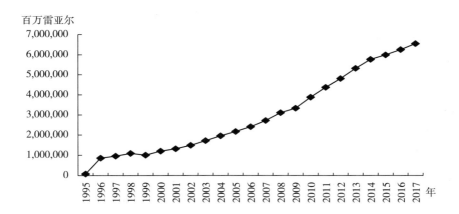

数据来源：巴西中央银行。

图 4.11　1995－2017 年巴西 GDP 变化情况

巴西国内经济面临着许多的不利因素，具体体现在以下几个方面。第一，巴西滞胀局面依然存在。联合国拉美经委会（CEPAL）统计数据显示，2011－2013 年巴西的经济增长率分别为 2.7%、1%、2.5%，2014 年巴西的经济甚至陷入停滞期。根据巴西国家地理与统计局（IBGE）最新数据，在 2014 年巴西的经济增长率仅为 0.1%，通货膨胀率却高达 6.41%。长期的滞胀致使居民的消费能力受到侵蚀，以消费拉动经济增长的巴西传统模式失去持续增长的动力。

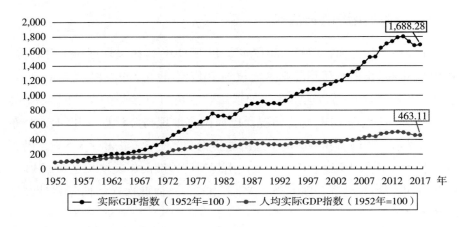

图 4.12　巴西实际 GDP 指数和人均实际 GDP 指数

第二，巴西出现了财政和经常账户"双赤字"的状况。据统计，2014 – 2015 年巴西财政赤字占 GDP 比重维持在 6.3% 的高位，且 2014 年和 2015 年经常账户赤字占 GDP 的比例分别为 3.9% 和 4.2%。财政赤字和经常账户赤字给巴西的债务管理和国际收支平衡带来压力，并且动摇了投资者对巴西经济的信心。

第三，巴西雷亚尔加速贬值。2015 年雷亚尔急速下跌，仅前三个月累计贬值就达 20%。货币的贬值使资本加速外逃，最终给国内经济带来巨大的压力。图 4.13 为巴西 2015 年来 GDP 分季度变化情况，可见近两年来巴西经济波动依然十分巨大。

第四，巴西作为资源和能源出口大国，1994 年开始实行自由贸易、面向出口的经济战略。在世界经济增速放缓时，原材料价格低迷、能源价格下降，巴西的收入急速降低。同时，由于创新能力差，巴西的制造业不仅成本高昂、技术落后而且缺乏投资拉动。

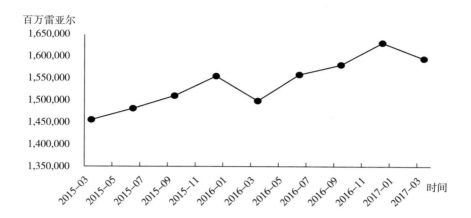

百万雷亚尔

数据来源：巴西中央银行。

图 4.13 巴西 2015 年来 GDP

二、巴西通货膨胀情况

多年来，巴西货币政策的制定与实施一直与通货膨胀息息相关。为了抑制较高的通货膨胀，巴西政府采取了多种货币政策措施。图 4.14 为 1996－2016 年巴西广义消费者物价指数、全国消费者物价指数、产品物价总指数、批发物价指数、消费者物价指数、综合市场物价指数变动情况，可见 20 年间巴西的通货膨胀一直处于比较高的水平。

在稳定物价方面，巴西政府作出了许多努力。巴西虽然是发展中国家，但是物价水平却相对较高。巴西的自然资源十分丰富，钢铁、铁矿石、咖啡、橙汁等产品的出口量在全世界名列前茅。除此之外，巴西的石油产量也十分可观。2005 年巴西日产油为 100 万桶，2015 年巴西的日产油达到了 400 万桶。由于出口大量的资源，巴西换得了巨额的外汇和资金。巴西国内资金相对充裕后，把大量的钱投入社会福利即消费中，忽视了基础设施的建设。于是，巴西逐渐负担不起社会福利，物价也呈现出明显上升的走势。

巴西中央银行早期采用通货膨胀目标制，最主要的问题在于缺乏适应"通货膨胀目标制"的基础设施，缺少相应的专家队伍，缺少对通货膨胀

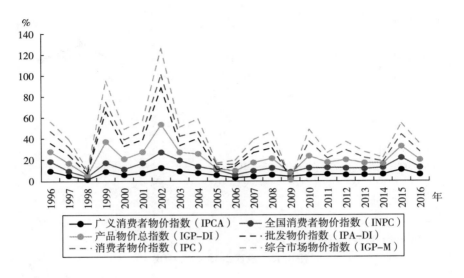

数据来源：巴西中央银行。

图 4.14 1996 - 2016 年巴西物价指数和通货膨胀情况

预测的技术，以及如何和公众沟通的经验，实践效果还有待观察。

而近年来，为防止资本流出、降低通货膨胀压力，巴西货币政策持续收紧。2014 年以来，巴西中央银行连续 10 次提高指标利率（SELIC），SELIC 利率由 2014 年初的 10.5% 提高到目前的 14.25%。利率上浮导致企业和个人的融资成本提高，贷款需求不断下降，对企业和个人的偿债能力提出了更高要求，巴西货币政策传导机制及规则也面临一定挑战。2015 年巴西中央银行发布的《焦点调查》报告指出，巴西通货膨胀持续恶化，经济下滑幅度增大。

三、巴西国际收支情况

在国际收支方面，2017 年巴西对外贸易顺差达到 670 亿美元，创下 1989 年以来巴西对外公布贸易数据的最高纪录。进出口贸易在连续五年下降后，2017 年进口总额和出口总额分别达到了 1,500 亿美元和 2,170 亿美元，同比分别增加了 10% 和 17.5%。

表 4.12 和表 4.13 为巴西 1995 - 2016 年经常项目和资本项目变化情

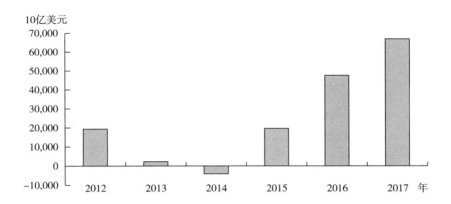

数据来源：巴西中央银行。

图 4.15 巴西贸易平衡

况，可见巴西的经常项目近几年一直维持比较大的负缺口，而资本项目的规模相对较小。

表 4.12 1995－2016 年巴西经常项目变化情况

单位：百万美元

年份	经常项目差额	经常项目：贷方	经常项目：借方
1995	－18,712.42	58,545.75	77,258.18
1996	－23,843.03	60,570.32	84,413.34
1997	－30,852.00	66,845.82	97,697.82
1998	－33,892.21	65,297.53	99,189.74
1999	－25,869.43	61,001.67	86,871.10
2000	－24,793.52	69,933.50	94,727.03
2001	－23,721.40	72,712.76	96,434.17
2002	－8,096.81	75,886.77	83,983.58
2003	3,760.05	89,972.43	86,212.38
2004	11,346.76	115,684.00	104,337.24
2005	13,547.22	141,207.01	127,659.78
2006	13,029.92	167,991.21	154,961.29
2007	408.03	200,463.94	200,055.91
2008	－30,640.45	245,666.63	276,307.08

续表

年份	经常项目差额	经常项目：贷方	经常项目：借方
2009	−26, 261. 24	193, 815. 80	220, 077. 03
2010	−75, 824. 12	254, 457. 80	330, 281. 92
2011	−77, 032. 08	320, 279. 10	397, 311. 18
2012	−74, 218. 37	294, 333. 54	368, 551. 91
2013	−74, 838. 94	297, 511. 32	372, 350. 26
2014	−104, 181. 32	281, 842. 78	386, 024. 10
2015	−59, 434. 28	240, 512. 73	299, 947. 01
2016	−23, 529. 63	234, 582. 31	258, 111. 94

数据来源：世界银行。

表 4.13　1995 – 2016 年巴西资本项目变化情况

单位：百万美元

年份	资本账户差额	资本账户：贷方	资本账户：借方
1995	18. 01	19. 04	1. 02
1996	46. 59	49. 37	2. 78
1997	83. 98	123. 04	39. 06
1998	50. 43	63. 08	12. 65
1999	60. 68	101. 66	40. 98
2000	126. 82	142. 15	15. 33
2001	105. 68	111. 41	5. 73
2002	79. 28	83. 97	4. 69
2003	82. 84	85. 97	3. 13
2004	−213. 10	160. 80	373. 90
2005	187. 04	315. 39	128. 35
2006	179. 73	247. 04	67. 31
2007	249. 36	273. 34	23. 98
2008	152. 10	263. 56	111. 47
2009	237. 22	282. 46	45. 24
2010	242. 05	346. 89	104. 84
2011	255. 79	376. 40	120. 61

年份	资本账户差额	资本账户：贷方	资本账户：借方
2012	207.91	321.83	113.91
2013	322.25	426.17	103.91
2014	231.48	376.30	144.82
2015	461.16	549.05	87.89
2016	273.77	420.76	146.99

数据来源：世界银行。

从国际储备的情况来看，2015 - 2017 年，官方储备是逐渐增加的。2017 年官方储备达到 373.972 百万美元，同比 2016 年增加了 3.81%。同时，外汇储备在国际储备中占比较大，2017 年达到了 95.96%。其中，外汇储备的主体是证券资产。

表4.14　2015 - 2017 年巴西国际储备变化情况

单位：百万美元

年份 国际储备	2015	2016	2017
外汇储备	348.844	353.851	358.846
证券	323.556	324.867	324.579
总货币和存款	25.288	28.985	34.266
IMF 储备头寸	1.715	2.219	1.999
特别提款权	3.599	3.493	3.712
黄金	2.289	2.510	2.816
其他储备资产	18.000	2.943	6.600
金融衍生品	18.000	461.000	-13.000
非银行非居民贷款	0	0	0
钞票和硬币	0	0	0
逆回购	0	2.482	6.612
官方储备资产	356.464	365.016	373.972

数据来源：巴西中央银行。

四、巴西失业率情况

巴西国家地理统计局发布的企业人口统计报告显示，2016 年，巴西有 719.5 万家企业退出市场，648.4 万家企业进入市场。这是巴西市场企业数量连续第三年表现为负增长。企业增加比率从 2015 年的 15.6% 变为 2016 年的 14.5%，企业退出率由 15.7% 上升到 16.1%。同时，2014 年活跃企业数量下降 4.6%，而在 2016 年达到了 1.6%。市场中的剩余企业 2015－2016 年降低了规模。

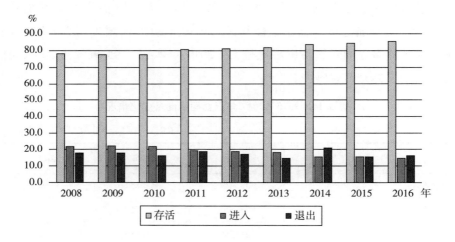

数据来源：巴西国家地理统计局。

图 4.16　2008－2016 年巴西企业数量占比变化

如图 4.17 所示，从 2003－2015 年来看，巴西失业率水平整体较高。2003 年失业率高达 10.9%，之后则逐渐下降。但是到了 2017 年 1 月又上升至 11.8%，比 2016 年同期增长了 2.1%，这与巴西货币政策密切相关。

在减少失业率方面，巴西政府任重道远。巴西国家地理统计局公布的最新就业调查数据显示，截至 2017 年 5 月 31 日，巴西全国失业率达 13.6%，创 2012 年以来同期新高。同时，巴西职工人均实际月收入为 2,107 雷亚尔，并没有明显提升。在未来的一段时间内，巴西政府将采取养老改革、降低利率等措施来恢复经济，提升就业水平。

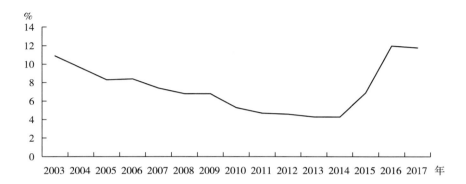

数据来源：世界银行。

图 4.17　2003－2017 年巴西失业率水平

第七节　巴西货币政策工具

货币政策工具是中央银行为达到货币政策目标而采取的手段。货币政策工具分为一般性货币政策工具和选择性货币政策工具，一般性货币政策工具包括公开市场操作、存款准备金和再贴现，选择性货币政策工具包括贷款规模控制、特种存款、对金融企业窗口指导等。

随着经济全球化进程的不断推进和金融一体化的迅速发展，货币政策的溢出效应越来越明显。世界经济对主要经济体的货币政策的敏感程度也在不断上升，巴西尤其显著。

理论上讲，货币政策产生溢出效应的渠道主要有三个，一是政策渠道，二是资本渠道，三是贸易渠道。美国量化宽松货币政策造成国际资本流动和投资者预期心理的变动，进而影响新兴市场的资产价格和收益率。对此，巴西在货币工具方面也进行了一系列探索，包括再贴现、法定存款准备金率、公开市场操作，但效果有限。

一、公开市场操作

公开市场业务是中央银行在金融市场上公开买卖有价证券，以改变商业银行等货币存款机构的准备金，进而影响货币供应量和利率，实现货币政策目标的一种货币政策手段。

圣保罗证券交易所（BOVESPA）是巴西最大的证券交易市场，图 4.18 为巴西圣保罗证券交易所交易金额，可见 1998 - 2005 年证券市场都处于相对低迷的状态，之后几年证券市场相对活跃。

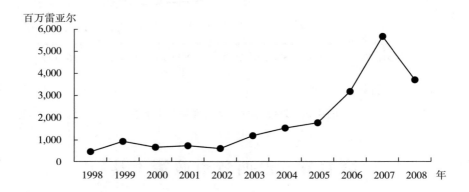

图 4.18　1998 - 2008 年证券市场：圣保罗证券交易所交易金额

国际清算银行的资料显示，早在 2008 年，巴西联邦公债市场的容量就已排名世界第八位。截至 2012 年 10 月，巴西联邦公债合计 19,439 亿雷亚尔，约合 6 万亿元人民币。2018 年 1 月和 2 月，标准普尔公司和穆迪公司分别下调巴西的主权信用评级。政治的不确定性加经济结构性问题，政府债务攀升加本币贬值风险加大，导致信用风险增大。目前，巴西市场上采取竞争性招标发行的联邦公债分为固定利率债券、通货膨胀指数债券和浮动利率债券三类。固定利率债券，包括短期国债（LTN）和中长期国债（NTN - F）；通货膨胀指数债券，包括 B 系列国债（NTN - B）和 C 系列国债（NTN - C1）；浮动利率债券 LFTLFT 目前有 4 年期和 5 年期两个品种，发行量相对较少。

截至 2012 年 10 月，各类型债券中，固定利率品种和通货膨胀指数债券占比较大，分别达到 39% 和 34%。从持有对象来看，养老金和共同基金占绝对份额最大，总计为 40%；第二位是金融机构，占 30%；非居民（境外投资者）占比相对较小，仅有 14%。2017 年 12 月，巴西中央银行通过出售具有回购承诺的 3 个月期债券和 6 个月期债券来筹集资金。在 3 个月期债券中，NTN－B，LTN 和 NTN－F 分别以 41.0%，34.9% 和 24.1% 的百分比出售，总体融资达到了 263 亿雷亚尔。在 6 个月期债券中，NTN－B，LTN 和 NTN－F 分别以 53.7%，23.3% 和 23.0% 的百分比出售。

二、贷款规模控制

贷款规模是中央银行为实现一定时期货币政策目标而事先确定的控制银行贷款的指标。它包含两层含义：一是一定时点上的贷款总余额，也就是总存量；二是一定时期内的贷款增量。

表 4.15 为巴西 1995－2014 年贷款总额、公共部门贷款总额、私营部门贷款总额。由表 4.15 可以看出，巴西贷款规模二十年间持续扩张，由 1995 年的 238,902.12 百万雷亚尔增长到 2014 年的 3,021,772.00 百万雷亚尔，增长规模达十几倍，尤其是 2010－2014 年，贷款规模更是大幅度扩张超七成。在巴西整体贷款情况中，私营部门的贷款额度占比较大，公共部门贷款额度所占比例较小，近几年的差距尤其显著。

表 4.15　1995－2014 年巴西整体贷款情况

单位：百万雷亚尔

年份	贷款总额	贷款：公共部门	贷款：私营部门
1995	238,902.12	35,499.31	203,402.80
1996	252,636.92	44,849.19	207,787.73
1997	259,766.20	24,378.74	235,387.46
1998	276,904.85	20,852.41	256,052.44
1999	288,465.00	17,451.57	271,013.44
2000	326,825.85	16,327.43	310,498.42
2001	336,376.15	9,847.91	326,528.25
2002	384,396.26	12,820.75	371,575.51
2003	418,258.30	14,986.94	403,271.35
2004	498,721.51	19,202.78	479,518.73
2005	607,023.30	20,556.29	586,467.01
2006	732,589.65	18,871.96	713,717.69
2007	935,972.83	18,832.57	917,140.26

年份	贷款总额	贷款：公共部门	贷款：私营部门
2008	1, 227, 294. 17	27, 217. 12	1, 200, 077. 04
2009	1, 414, 304. 36	58, 973. 59	1, 355, 330. 77
2010	1, 705, 890. 07	67, 804. 94	1, 638, 085. 13
2011	2, 029, 843. 79	81, 667. 22	1, 948, 176. 57
2012	2, 368, 338. 00	118, 867. 00	2, 249, 471. 00
2013	2, 715, 371. 00	150, 302. 00	2, 565, 069. 00
2014	3, 021, 772. 00	196, 165. 00	2, 825, 607. 00

在巴西的贷款结构中，私营部门的贷款起到了举足轻重的作用。如表
4.16 所示，巴西私营部门贷款主要包括工业、住房、商业、农村、个人、
其他服务业六个方面。在上述私营贷款中，工业部门贷款、住房贷款和个
人贷款所占的比重较大。随着巴西经济的发展，各类贷款规模都呈现数十
倍的增长。

表 4.16　巴西 1995–2014 年私营部门贷款规模

单位：百万雷亚尔

年份	私营部门：工业	私营部门：住房	私营部门：商业	私营部门：农村	私营部门：个人	私营部门：其他服务业
1995	56, 850. 42	47, 352. 84	31, 176. 55	23, 049. 94	16, 287. 89	28, 685. 16
1996	59, 986. 52	47, 953. 68	28, 227. 69	19, 118. 90	23, 474. 50	29, 026. 43
1997	67, 094. 09	50, 152. 63	28, 983. 79	22, 630. 65	35, 049. 46	31, 476. 84
1998	71, 975. 64	53, 972. 43	25, 344. 24	25, 245. 68	36, 277. 03	43, 237. 41
1999	83, 702. 87	52, 950. 54	28, 487. 94	26, 083. 53	41, 823. 26	37, 965. 29
2000	85, 787. 60	55, 960. 51	31, 746. 76	27, 912. 83	62, 937. 36	46, 153. 36
2001	98, 797. 66	23, 941. 47	36, 380. 95	27, 157. 17	80, 359. 01	59, 891. 98
2002	115, 952. 86	24, 385. 32	40, 388. 20	34, 728. 73	88, 230. 53	67, 889. 87
2003	116, 850. 03	25, 053. 99	43, 265. 58	47, 295. 21	98, 993. 24	71, 813. 30
2004	124, 787. 79	25, 773. 99	54, 778. 61	58, 502. 34	136, 455. 81	79, 220. 20
2005	138, 947. 29	29, 080. 64	64, 514. 36	65, 955. 44	188, 783. 82	99, 185. 46
2006	164, 581. 42	35, 689. 45	78, 432. 63	77, 680. 87	235, 815. 59	121, 517. 74

年份	私营部门：工业	私营部门：住房	私营部门：商业	私营部门：农村	私营部门：个人	私营部门：其他服务业
2007	213,814.89	45,852.28	97,647.73	89,210.92	314,352.79	156,261.67
2008	296,435.32	63,268.04	124,801.57	106,365.18	389,540.87	219,666.07
2009	304,744.94	91,861.50	136,305.68	112,262.87	462,469.45	247,686.33
2010	361,163.26	138,778.22	172,643.84	123,901.51	549,179.09	292,419.20
2011	418,071.96	200,493.68	208,440.04	141,134.17	632,819.81	347,216.92
2012	462,092.00	298,314.00	227,355.00	167,528.00	708,855.00	385,327.00
2013	516,397.00	395,241.00	242,098.00	218,045.00	767,539.00	425,749.00
2014	552,200.00	502,434.00	254,342.00	257,748.00	807,935.00	450,948.00

巴西公共部门贷款的主体主要是联邦政府。图4.19为巴西联邦政府贷款情况，由图4-19可以看出，1995-2007年联邦政府贷款规模一直处于相对平稳的状态，贷款总额波动不明显。而2008-2014年，联邦政府的贷款总额呈现直线增长，到2014年达到了85,946百万雷亚尔，约是1995年的11倍。

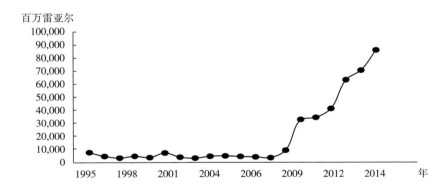

图4.19　1995-2014年巴西联邦政府贷款规模对比

第八节　小结

在通货膨胀目标制下，巴西现行的货币政策仍然面临不小的挑战。虽然巴西中央银行运用了灵活的利率政策，但由于利率水平一直保持在相对高位，使巴西"财政主导"效应非常明显。面对通货膨胀高企，中央银行不得不提高利率。这不仅造成政府公共债务利息增加和债务支出上升，还造成汇率升值，导致出口受限和经常账户赤字增加。此外，国内投资也因利率上升产生负面效应。当前制造业出现严重收缩，建筑业、金融业等非贸易品部门是巴西经济增长的主要来源，发展的不平衡导致巴西进出口结构扭曲和经常账户赤字。出口的"初级产品化"和国内"去制造业化"成为巴西经济陷入"技术性衰退"的重要原因，而国内迅速扩大的中产阶级队伍形成的巨大消费需求远远超过供给增长能力，造成国内结构性通货膨胀高企。由于债务危机后巴西国内闲置生产能力已经得到充分利用，僵化的劳动力市场造成未来劳动供给扩张的能力有限，因此未来巴西必须扩大投资，提高劳动生产率。面对经济低迷、通货膨胀高企，如何在经济增长和货币稳定之间寻求平衡，将是巴西未来货币政策亟待破解的难题。

第五章

金融监管

20 世纪 60 年代左右，在美国金融监管制度的引领下，巴西金融监管制度逐步建立起来，形成以分业管理为主，兼有混业管理的金融监管体系。在经历 1997 年亚洲经济危机、1999 年巴西金融危机、2008 年国际金融危机等金融危机之后，巴西金融监管进行了一系列金融监管改革，其金融监管改革主要集中在监管手段的变革化和监管的国际化，具体表现在监管当局不断地对各级各类金融机构的日常商业活动、资金状况、公司内部治理问题进行审计分析，并通过改革监管公司的信息披露制度，使金融机构的信息透明度得到了提高。

第一节　巴西金融监管发展演变

一、2008 年国际金融危机前的巴西金融监管体系

在 20 世纪 60 年代，巴西依据当时的美国模式建立了现代金融监管体系，修订了相关法律，颁布了《第 4595 号法》，正式确立了金融改革法，确定了由以国家货币理事会、巴西中央银行、巴西银行、巴西全国社会经济发展银行以及所有其他国有和私有金融机构为主体的巴西金融体系[1]，并据此建立了相应的监管体系。现代的巴西金融监管体系最初是依据当时的美国监管模式建立的，以国家货币理事会（CMN）作为最高监管机构，下设巴西中央银行（BCB）、证券交易委员会（CVM）、私营保险监管局（SUSEP）、国家养老金秘书处（SPC），以分业管理为主，兼有混业管理。

---

[1] 洪昊，葛声. "金砖四国" 金融监管体系改革和合作研究 [J]. 金融发展评论，2011（6）：77 – 83.

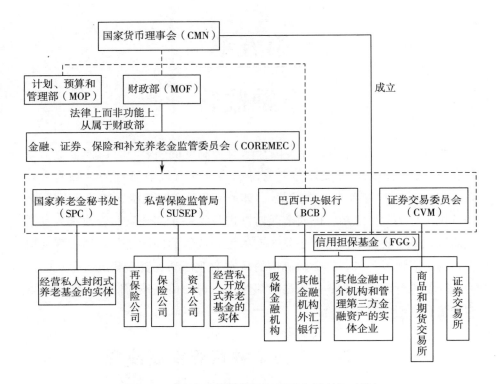

图 5.1　巴西金融监管体系（国际金融危机以前）

　　国家货币理事会是巴西金融系统的最高权力机构，受财政部直接支配，主要由财政部部长、计划、预算和管理部部长和巴西中央银行行长组成。主要职责是：协调金融、信贷、预算、财政和债务政策，监管金融机构的流动性和偿付能力，促进金融机构发展。

　　巴西中央银行是国家货币理事会的执行机构，并有责任颁布由国家货币理事会制定的行政法规，主要负责监管银行业。巴西政府颁布的《第4595号法》规定中央银行的职责包括：授权金融机构转让本公司所有权或在国内和国外建立分支机构和子公司的权利，监督专门金融机构交易的权利，对违法行为实施罚款和其他处罚方式，确保银行交易的保密性，控制外汇市场的稳定及监控资金的流入和流出等。对金融机构的监管，中央银行可以直接要求金融机构澄清和提交交易信息和相关文件，也可以不定时对金融机构提供的资料进行间接分析、评估和审查。

118

证券交易委员会是金融体系的规范性机构，专门致力于发展、监督和检查股市安全，主要监管对象包括证券交易所、商品和期货交易所、其他金融中介机构和管理第三方金融资产的实体企业。

私营保险监管局是负责控制和检查保险公司中开放资本市场的私人养老基金，主要监管对象包括保险公司、再保险公司、巴西资本市场和开放式养老基金。

国家养老金秘书处是代表社会保障部，负责密切控制和检查私人封闭式养老基金的金融监管机构。

此外，为增强金融体系的稳定性，20 世纪 90 年代各国逐渐建立起正式的存款保险制度，为顺应趋势，巴西于 1995 年由国家货币理事会批准并成立了存款保险基金（FGC），该机构属于私人非营利组织，其责任是保护信贷持有人。随着金融系统复杂度的提升，加强监管协调的重要性更加凸显，于是巴西政府于 2006 年成立了金融、证券、保险和补充养老金监管委员会（COREMEC），以促进金融监管之间的协调和信息共享。

二、2008 年国际金融危机后的巴西金融监管体系

2008 年国际金融危机发生后，为加强整个金融体系的稳定性，巴西开始对现有的金融监管体系进行调整。具体政策主要包括以下五方面：一是提高对金融机构的信息披露要求，增强其透明度；二是强化对系统性风险的监测，要求监管部门定期对金融机构的日常经营行为进行风险监测与评估，特别是对投资与交易等高风险业务以及流动性状况进行监测；三是提高准入要求，规定监管部门在金融机构成立之前，应对其商业计划书、公司治理结构、资本充足性、流动性等进行严格的考察，必要时应要求金融机构进行压力测试，提高准入标准；四是加强监管部门与审计部门的协调与合作，在监管过程中鼓励审计部门的参与，提高信息来源的真实性与可靠性，以对监管对象作出合理判断，增强监管的有效性；五是强调与其他国家的金融监管合作，特别是与新兴市场国家的相互合作，以共同应对金融危机[①]。

---

① 高宇. 后危机时代主要国家金融监管改革分析与述评 ［J］. 国际经济合作, 2012（7）：86－93.

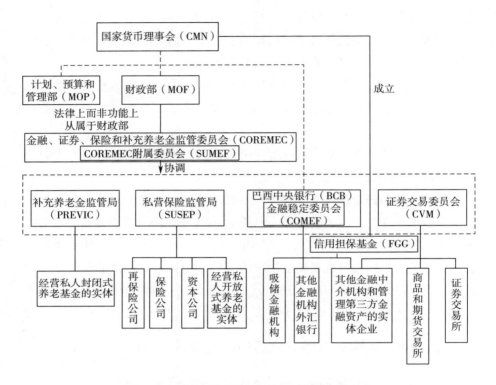

图 5.2　巴西金融监管体系（国际金融危机以后）

2009 年，成立的补充养老金监管局（PREVIC，隶属社会保障部），用于替代原来监管机构国家养老金秘书处，该新机构为半自治，由委员会进行管理，预算资金主要来源于所管理的养老保险基金基于资产所付的税款，主要负责密切控制和监管私人封闭式养老基金和实施养老保险制度的政策。

2010 年，在原来的金融、证券、保险和补充养老金监管委员会的基础上成立了附属委员会（SUMEF），以监测国家金融系统的稳定性。

虽然巴西法律上并未明确金融稳定由哪个机构来负责，但巴西中央银行是事实上的宏观审慎政策制定部门及金融稳定安全网的领导者。2011 年 5 月，巴西中央银行设立金融稳定委员会，该委员会虽无实权，但扮演着顾问角色，有效识别和监测系统性风险的来源，为缓解系统性风险制定相关政策。

第二节　巴西金融监管机构简介

一、国家货币理事会

制定货币政策是国家货币理事会的主要职责，而通货膨胀目标制是货币政策的核心，通货膨胀目标是指导中央银行采取政策措施的核心准则。

1999 年 7 月 1 日，巴西正式实施通货膨胀目标制度。根据 1999 年 6 月 21 日的《第 3088 号法》，通货膨胀目标制度的主要内容有：（1）根据财政部的建议，国家货币理事会选择价格指数，确定通货膨胀目标以及可容忍的通货膨胀变动幅度；（2）自 2002 年起，每两年确定一次通货膨胀目标；（3）中央银行为实现通货膨胀目标而实施必要的政策措施；（4）通货膨胀目标必须实现，否则，中央银行需向财政部提交书面报告，解释未实现通货膨胀的原因，并说明拟定的对策以及重新实现目标所需时间等；（5）中央银行每季度发布一次公报，向公众说明为实现通货膨胀目标而实施的货币政策、政策效果以及通货膨胀预期等。

巴西的通货膨胀目标由两部分组成，即基准目标和变动幅度目标。自 2006 年以来，巴西通货膨胀基准目标为 4.5%，每年变动幅度为 ±2%。

国家货币理事会是全国金融体系的最高决策机构。该理事会负责制定全国货币和信贷政策，批准中央银行货币发行，确定货币对内、对外价值和外汇政策，规定银行准备金比率、最高资本限额和最高利率，规定各种类型的贷款，批准各种金融机构的建立及其业务范围和管理资本市场等。该理事会由 21 名成员组成，财政部部长任主席，其他成员包括计划部部长、发展、工业和外贸部部长、内务部部长、农业部部长、巴西银行行长、全国经济开发银行董事长和 7 名经总统提名、参议院批准的经济学家。

二、巴西中央银行

1999 年以来，在通货膨胀目标制度框架内，巴西中央银行自主制定货币政策，行使中央银行的金融监管职责。目前，巴西中央银行的四大主要职能为实施货币政策、控制信贷风险、监管金融机构、监管清算系统。巴西中央银行主要通过调控利率和货币供应量，加强风险监管和提高银行系统的稳定性，监管支付和清算系统等手段，对银行和货币系统实施严格的监控。

（一）调控利率水平和货币供给量

货币政策的核心目标是实现通货膨胀控制目标，而实现这一核心目标的主要措施是调控利率水平和货币供给量。成立于 1996 年的巴西中央银行货币政策委员会是货币政策的制定机构。该委员会依据通货膨胀目标，负责确定目标利率。目标利率虽然是短期利率，但可以将其视为基准利率，对金融体系的利率水平具有决定性影响。自 2006 年以来，中央银行货币政策委员会每年召开 8 次例会，核心任务是确定目标利率。

巴西联邦债券的回购或出售是调节货币供应量的主要手段。当中央银行向金融机构购买联邦债券时，即向金融系统注入资金，增加货币供给量；当中央银行向金融机构出售联邦债券时（回购协议操作），即货币回笼，减少货币供应量。巴西中央银行也使用准备金率和贴现率等公开市场操作，但这些措施的重要性相对较低。

（二）加强风险监管，提高银行系统的稳定性

截至 2016 年底，巴西中央银行监管的金融机构有 1,800 多家。为了便于对银行和非银行金融机构的监管，1988 年巴西中央银行统一了金融体系的会计制度。1994 年巴西中央银行正式采用《巴塞尔协议Ⅰ》，此后虽然经过几次调整，但主要内容没有变化：一是最低资本金要求，商业银行为 700 万雷亚尔，投资和开发银行为 600 万雷亚尔，非银行金融机构为 300 万雷亚尔；二是最低资本充足率为 8%；三是风险权重的划分，即向中央银行缴存的现金、联邦债券以及外汇储备等资产的风险权重为零，黄金、外币、税款抵降等资产的风险权重为 20%，地方政府和银行债券的权重为 50%，企业贷款、企业债券、巴西电力债券、农业债权证券以及与股票、期货交易有关的资产的权重为 100%；四是全能银行的全部资产按 80% 计提。

与此同时，巴西中央银行对银行和非银行金融机构的金融交易、信息

披露等也提出了严格要求。

经过长期坚持不懈的努力，进入 21 世纪以来，巴西银行系统的资本充足率一直保持较高水平。较高的资本充足率水平不仅为金融体系的稳定提供了重要保障，而且还是成功抵御数次金融危机的因素之一。

（三）监管支付和清算系统

巴西的支付和清算系统较为发达。巴西中央银行负责管理支付和清算系统，保障金融体系健康、高效运作。银行间资金转账结算系统由准备金准则系统、资金转账系统、支票和其他单据清算中心、银行间贷记指令延期结算系统和银行业清算所 5 部分组成，由中央银行负责监管。准备金转账系统是巴西支付体系的核心，由中央银行直接运营，是银行间资金转账的实施全额结算系统。证券、衍生品和外汇结算系统由结算托管特别系统、托管清算所、清算存管公司、商品期货及证券交易清算系统、衍生品清算所、外汇交易所六部分组成，其中商品期货及证券交易清算所由证券交易委员会监管，其他五个由中央银行监管。

三、证券交易委员会

巴西证券交易委员会成立于 1976 年，在国家货币理事会的领导下，负责监督管理证券市场及其参与者，其发布的"指令"对证券市场来说与国家货币理事会的"决定"具有同等法律效力。一方面，证券交易委员会负责对证券交易所、证券投资基金、证券和期货交易清算系统进行独立监管；另一方面，与中央银行一起，联合监管投资银行、商品和期货交易所、证券经纪公司、证券承销公司、独立投资机构、互助投资基金以及境外证券投资机构等。

从 20 世纪 60 年代中期到 70 年代，巴西政府对证券市场进行了两次改革，规定了管理金融机构的基本规则和管理资本市场及其活动的若干原则，设立了国家货币理事会，创立财政基金。这两次改革对巴西证券市场的发展起到了较大的推动作用。20 世纪 80 年代，巴西中央银行通过了一项管理证券交易所和经纪机构的新法规，建立了外资投资基金会和证券管理组合，使巴西证券市场再次获得了较大发展。1976 年巴西通过《证券法》，设立证券交易委员会，负责监督管理证券市场及其参与者。到 20 世纪 80 年代，巴西几乎各州都有证券交易所。20 世纪 80 年代中期以后，巴西对包括证券业在内的整个金融体制进行了一系列改革，证券市场开始与商业银行混业经营，并进一步放松了管制。

按照市场职能，证券市场可分为发行市场和流通市场，即一级市场和二级市场。对发行市场的监管，巴西《证券法》规定，发行市场由承销商、投资人、咨询中介机构、股票交易所、场外交易市场和证券交易清算系统组成；新股发行实行登记制，所有上市公司在公开发行新股之前，必须向巴西证券交易委员会申请登记，发行工作由上市公司和承销的证券公司完成。巴西证券交易委员会对承销商资格有严格规定，只有符合规定的投资银行和证券公司才能开展承销业务。巴西证券交易委员会对上市公司有最低资本金和最少股本数量的要求，同时要求公司对股票价格、重大政策等相关事实和信息都必须进行披露，并在证券交易委员会和证券交易所指定的媒体上发布，以保护投资者，特别是中小投资者的利益。

巴西证券市场的流通市场分为两部分，一是场内交易市场，为大盘股交易场所；二是场外市场，为小盘股交易场所，也称 SOMA 市场。衍生品交易始于 1979 年，即圣保罗证券交易所的期权交易。目前，流通市场和衍生品市场均集中在圣保罗证券交易所。为便于对流通市场和衍生品市场的监管，巴西规定，流通市场以场内交易为主，衍生品交易则全部为场内柜台交易。

四、私营保险公司和开放式养老基金监管局

在巴西，开放式、封闭式私人养老实体的监管环境大不相同，私人开放式养老基金由私营保险监管局监管，而私人封闭式养老基金则由补充养老金监管局负责监管。其中，私营保险监管局附属于财政部，对保险公司、再保险公司、私人开放式养老基金、资本市场有监管之责，私营保险监管局有权在遵守私人保险全国委员会（CNSP）总体政策的情况下在其职权范围内制定规则；而补充养老金监管局附属于社会保障部，建立于 2009 年 1 月，2008 年国际金融危机后替代了原有监管机构国家养老金秘书

处，该新机构为半自治，由委员会进行管理，预算资金主要来源于所管理的养老保险基金基于资产付的税款，主要负责密切控制和监察私人封闭式养老基金和实施养老保险制度的政策。

第三节 巴西金融监管具体指标

一、银行不良贷款率

不良贷款率指金融机构不良贷款占总贷款余额的比重。不良贷款是在评估银行贷款质量时，把贷款按风险基础分为正常、关注、次级、可疑和损失五类，其中后三类合称为不良贷款。

图 5.3 为 1997－2017 年银行不良贷款率，巴西银行不良贷款率一直处于相对较高的水平，尤其是 1998 年，高达 10.2%，1999－2001 年虽有所下降，但仍然维持在 5% 及以上的水平。近几年，巴西银行不良贷款率有所下降，大约维持在 3%，但是相对于其他国家，仍然处于较高的水平。

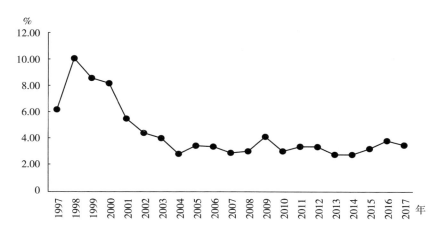

数据来源：世界银行。

图 5.3 1997－2017 年巴西银行不良贷款率

二、流动负债（M3）占 GDP 的比重

短期负债也叫流动负债，指将在 1 年（含 1 年）或者不足 1 年的一个营业周期内偿还的债务。图 5.4 为 2001 – 2008 年巴西流动负债（M3）占 GDP 的比重，基本在 50% 水平上下浮动，其中 2005 – 2008 年在 50% 以上。

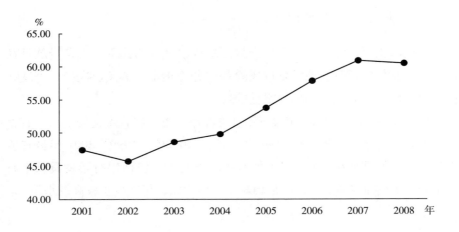

数据来源：世界银行。

图 5.4　2001 – 2008 年巴西流动负债（M3）占 GDP 的比重

三、利差

利差即贷款利率减存款利率，图 5.5 为巴西 1997 – 2017 年利差情况，由图 5.5 可知，巴西的利差一直处在相对较高的水平，尤其是 1998 年竟高达 58.36%，其余年份的利差也基本维持在 20% 的水平及以上，这在其他国家是比较罕见的，因此金融机构在进行金融监管时，利差也是监管的重要指标之一。

四、通货膨胀率

巴西在进行金融监管时，一直把通货膨胀水平作为十分重要的指标之

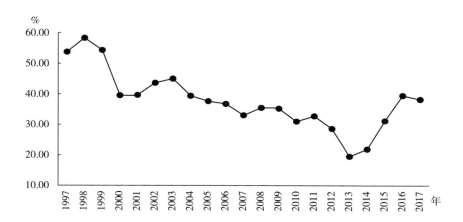

数据来源：世界银行。

图 5.5　巴西 1997 – 2017 年贷款存款利差

一，巴西多年的经济波动也与通货膨胀直接相关。图 5.6 为巴西 1995 –
2017 年消费者价格指数（CPI）水平，其中 1995 年巴西 CPI 高达 66.01%，
1996 年巴西 CPI 高达 15.76%，之后虽有所下降，但是仍基本在 3% 及以
上。巴西金融机构在进行监管时，也一直在控制通货膨胀率水平。

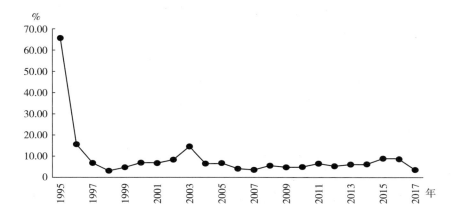

数据来源：世界银行，IMF。

图 5.6　巴西 1995 – 2017 年 CPI 水平

第四节 政府集中监管与自律相结合

一、审慎监管的重要性和巴西的具体措施

世界金融市场最近几十年发展十分迅速，尤其以巴西、中国为首的金砖四国的发展。这与这些国家增加国内和国际资本流动性，采取利率自由化政策，以及其他开放金融的措施有着紧密联系。《巴塞尔协议》规定了银行准备金比例，在一定程度上提高了银行业的从业门槛，对银行的资本存储量也有了具体要求而金融系统的监管是这些政策措施达到预期目标的重要保障。为保证金融行业的有序发展，金融监管措施必须与本国经济发展情况相符，否则会极大地影响金融市场的稳定性和可操作性，并阻碍金融机构的正常发展。例如，很多国家的金融机构对贷款的去向和比例进行了规定，虽然有利于降低相关风险，但与此同时也大大降低了银行效率，导致资源的不公平分配。再例如对利率机制进行监管会导致银行存款的增加或者减少，从而影响银行的贷款和投资。主要原因是政府制定大量的优惠政策吸引资金进入相关领域，淡化了相关部门的风险意识。同样对于政府支持和鼓励的项目，债权人会得到政府不恰当的保护，金融合同的不公平就是在这样的情况下发生的。上述情况致使合同的保障性大大减小，继而使信贷市场的可信度不断降低，对投资产生不利影响。

由此可见，对于一个国家来说谨慎的金融监管政策是十分重要的。金融市场的正常运转，资金的流动稳定性都需要富有效率的金融监管进行保证。尽管近几十年随着金融市场的开放巴西政府对金融系统的干预措施已经逐渐减少，但是在分配金融资源和促进信贷发展方面仍然存在着政府干预。在世界银行和拉丁美洲银行联盟发起的一项调查中说明，巴西近几年对低收入人群和农业部门的住房项目一直实施定向的信贷政策，这就属于政府干预。当然，金融部门设计优惠合理的政策计划吸引投资的基础也在于政府对资源和资金的配置程度。

巴西金融危机的爆发，给巴西经济带来了不小的创伤，在这之后，巴

西开始积极完善宏观审慎框架，并采取以下改革措施。

（一）实行新的监管准则，提高监管的有效性

2013年3月1日，巴西中央银行公布《巴塞尔协议Ⅲ》的实施细则，该细则由国家货币理事会制定，之后于2013年10月1日起在巴西实施。同时在金融监管机构的信息披露制度、公司治理制度、金融机构的公开性制度等方面也取得了较大突破。该细则也着重强调了金融机构日常活动的监测与评估活动。

（二）通过宏观审慎政策工具提高管理流动性

此方法在于防范系统性风险的发生，预防由信贷增长过快、资本流入过多带来的不可预测性风险。

第一，自2010年12月，巴西中央银行对新增家庭贷款实施了更严格的资本要求，主要集中在汽车信贷、扣除薪资贷款、个人信贷等方面。如2011年11月，经巴西中央银行调整，汽车贷款的金融交易税由1.5%提高到3%，信用卡最低还款比率由10%提高到15%。

第二，调整信贷周期，主要通过采取反周期的存款准备金率措施来进行。

第三，完善宏观审慎框架，加强货币政策与宏观审慎政策的协调与补充。

由于巴西货币政策的实施主体和银行业监管主体都是巴西中央银行，因此在宏观审慎政策的制定和实施过程中巴西中央银行都起了至关重要的作用。2011年5月，巴西政府在中央银行内部成立金融稳定委员会，经讨论研究后，决议将宏观审慎政策从货币政策分离出来，使之更加清晰。该委员会的主要职责是监测系统性风险的来源、积极制定减缓系统性风险的战略，协调巴西中央银行内部各个部门之间的职责。与此同时，将货币政策与宏观审慎政策结合使用，互为补充。为了控制家庭部门信贷的过快增长，国际金融危机后，从2010年上半年到2011年，巴西中央银行将基准利率连续提高3.75个百分点，并提出了收紧存款准备金和资本充足率的要求。

二、巴西金融监管政策

由于 1999 年、2002 年发生了两次金融动荡，为了防止危机再次发生，巴西政府和巴西中央银行进行了大量的金融改革。例如，设立了银行内部的控制体系和中央信贷风险系统，促进银行与银行之间的合并、收购，制定银行资本的最低标准制度，规范银行审计工作管理。这一系列的改革措施，使巴西金融环境大大改善，整个金融市场体系也在改革中不断成长。2004 年巴西成为所有发展中国家中第一个开始按照《巴塞尔协议》建立起金融市场体系的国家。

监管机构和被监管机构构成了巴西的金融体系。吸收存款的金融机构、金融中介机构、金融辅助机构、保险养老金机构、投资管理机构和清算结算系统构成被监管的机构。而巴西的国家货币理事会成为巴西金融监管的最主要部门。巴西中央银行、巴西证券交易委员会、补充养老金秘书处和私营保险监管局构成了国家货币理事会。其中巴西中央银行负责监管金融中介以及其他金融机构、所有的负责吸收存款的金融机构，巴西政府为巴西中央银行专门建立了"监督管理局"，因此巴西中央银行可以更好地实现金融监管职能。巴西中央银行对该部门进行直接管理，同时将其分为非法外汇交易部与非法金融犯罪部、现场检查部、非现场检查部和金融系统信息管理部四个部门。这四个部门的人员大部分是具有专业知识的技术人员，会根据不同金融事件的特殊性而负责不同的职位，这也使金融监管更加专业化和明确化；中央银行和证券交易委员会对证券交易机构之外的所有证券业务进行监管；保险和养老金机构由私营保险监管局负责监管，但补充养老金秘书处单独监管私人封闭式养老金。

在所有的监管机构中，巴西中央银行是最主要的监管机构，同时其他的监管部门负责辅助监督，并与巴西中央银行进行联合监管。因此，巴西的金融监管制度我们可以称之为是采用以巴西中央银行为主体的监管制度，这种以中央银行为主体的混合监管制度使巴西各金融监管部门明确了职责，同时又使交叉监管导致的重复监管问题大大减少，加强了各个监管部门之间的合作与沟通，大量的信息和资源得到共享。

三、巴西的金融风险监管

巴西是拉丁美洲经济最为发达的国家，但作为金融危机"频发"的国家，巴西经济迅速增长，离不开其金融业的稳定发展，特别是 2002 年以后巴西中央银行进行的金融改革，逐步完善了金融监管体系，健全了金融监管法制，不断向国际监管标准发展。2004 年 12 月，巴西对外发布了实施《巴塞尔协议 II》的时间表，这在所有发展中国家中，巴西是第一个，以实现监管措施和标准更加国际化。巴西政府为了分散银行的风险，首先兼并和重组国内的银行，促进国有银行私有化，与此同时引进外资银行。此外，巴西政府确立了巴西中央银行在整个金融体系中的地位和权力，使其拥有自由权力改革金融体系，这使巴西银行业的重组和兼并非常顺利。巴西银行业的改革促使银行业乃至整个金融业的结构都趋于合理化，提高了其在世界金融市场上的竞争力，而且为广大客户提供了更全面的服务，资源的配置更加合理，银行效率得到提高。巴西本国银行化解风险能力的提高得益于巴西政府引进外资银行的同时，将外国私有银行的先进管理理念和技术也引进国内，从而更好地规避了风险。此外，巴西在银行业改革中将《巴塞尔协议》的要求融入了金融监管体系之中，按照国际要求降低了金融风险，此措施对巴西的经济发展起到了至关重要的作用。截至 2004 年，《巴塞尔协议》规定的资本充足率比巴西银行规定的 18.8% 低 7.8 个百分点。2004 年《巴塞尔协议 II》颁布之后，为了使金融体系更加合理，巴西政府加快了中央银行的监管进程，保证了金融体系的合理性。进入 21 世纪，巴西政府为了促进巴西金融机构的透明化，明确规定了金融市场对金融机构的约束要素，要求金融机构必须向巴西中央银行定期提交季度金融信息报告，并将各家金融机构的报告在巴西中央银行的网站上公开。这使巴西金融监管离国际化监管标准更近一步。

完善数据信息在巴西政府建立金融监管体系的过程起到了十分重要的作用。巴西中央银行信用风险中心建立于 1997 年。2003 年，为了增强数据分析能力，巴西中央银行开始采用软件系统评估信用风险。该系统每个月都会从各家金融机构收取信贷数据进行分析整理，为各家金融机构计算资本充足率提供依据，识别出在信贷和风险指数方面可能出现信用风险的银行。经济决策者在制定决策时对信用评估系统具有较高的依赖性。巴西中央银行为了进一步规避金融市场风险，要求被监督金融机构采取内部监控的方法，并且针对内部监控规定了非常详细的步骤。每个机构内部都设有专门的监督人员负责特定工作。这样不仅可以排除机构内部的腐败，也为中央银行统筹规划被监督机构的内部风险提供了方便。巴西中央银行和巴西证券交易委员会还要求金融机构的审计人员每四年要更换一次，同时更换人员必须向中央银行提交有关文件和资料。如果机构出现内部问题，有关的监督人员都要对其负责。

第五节　小结

与其他发展中国家相比，巴西金融业已经形成了一套属于自己的相对独立和完备的金融监管体制。巴西的金融体系可以大致总结为监管部门、投资管理机构、吸收存款的金融机构、其他金融机构、保险和养老金机构、金融中介或辅助机构以及清算和结算系统。

金融体制不健全是巴西金融危机爆发的重要原因。虽然经过整改后巴西金融体系在制度上相对健全，但是就巴西的金融监管体系运作模式而言，仍然存在很多缺陷。根据国际上普遍认可的防范系统性风险的《巴塞尔协议》，巴西逐渐建立了一套金融风险防范机制，此后，巴西的金融体制改革一直以《巴塞尔协议》为标杆就是为了降低金融风险，稳定金融体系。

巴西使用《巴塞尔协议》的标准来要求自身，建立了比较完善的金融系统及监管系统，同时对银行体系进行了改革，使银行业的稳定性和竞争力得到增强，并不断规范信息披露制度，加大内部审计强度，健全数据信息管理，这都使巴西金融业的风险得到了有效控制。

从巴西的金融监管改革过程中，我们可以看出，从 1988 年引入《巴塞尔资本协议》至 2004 年计划实施《巴塞尔协议Ⅲ》，巴西金融监管一直向着国际金融监管标准发展，从而使巴西金融监管越来越标准化、国际化。同时巴西对金融体系、风险控制、信息披露等多方面实行了改革，使风险管理体系更加完善，金融体系日趋稳定，为经济的复苏提供了强劲动力。

第六章

金融基础设施

第一节　支付清算体系

20世纪90年代中期之前，巴西支付、清算和结算系统旨在提高金融交易的处理速度，这是由于当时巴西面临着每月高达2%的长期通货膨胀，为了帮助企业抵御通货膨胀，实现短期结算系统尤为重要。巴西中央银行在2001－2002年进行了一系列改革，将支付、清算和结算系统的重心转向了风险管理，并开始实施实时全额支付系统（Real－time Gross Settlement，RTGS），又被称为准备金账户交收系统（Reserves Transfer System，STR）。

现行的巴西支付清算系统具有如下几个特点：（1）大额资金转账均可实现在日内结算；（2）证券结算周期较短（实时或T＋1，取决于交易对手选择的结算系统）；（3）所有清算和结算系统由中央银行货币结算；（4）所有证券结算系统须遵循"款券两讫"（Delivery Versus Payment，DVP）；（5）中央交易对手被广泛运用于衍生品、股票和银行间外汇交易中；（6）几乎所有的场外交易衍生品和证券交易必须在一个集中系统中注册；（7）直通式处理广泛应用于各种支付和证券结算系统。

一、支付清算系统

STR是巴西支付系统的中心枢纽，主要基于以下原因：（1）所有银行都有法律义务将可用资金存入巴西中央银行持有的账户中；（2）具有系统重要性的清算系统的净头寸须使用中央银行货币资金；（3）巴西中央银行账户之间的所有资金转账须通过STR支付。STR内的资金可以用于付款和银行转账，并需要金融机构的高效参加，才能保证支付清算业务的正常运作。同时，该系统对流动性有明确规定，要保证可用流动资金维持在1.8%，最高可以达到9.0%。

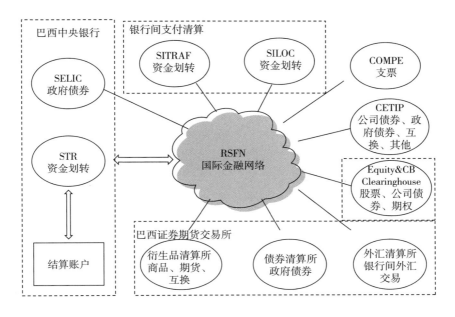

图 6.1　巴西支付清算系统

（一）准备金账户交收系统

1. 参与人

准备金账户交收系统由巴西中央银行运营，其规定予以公开披露。在巴西中央银行持有储蓄账户的银行以及经营系统重要性的清算结算机构均法定成为准备金账户交收系统的参与人，其他非银机构（如信用合作社、经纪业务商）以及经营非系统重要性的清算结算机构允许（非法定）成为准备金账户交收系统的参与人。国家财政部秘书处（The National Treasury Secretariat，STN）也是准备金账户交收系统的参与人，主要是由于准备金账户交收系统同样负责处理联邦政府所得税收入和财政支出的资金结算。截至 2009 年，所有非银行金融机构都获得了直接准入。除巴西中央银行和国家财政部秘书处外，准备金账户交收系统拥有 138 名参与人，其中包括135 家银行和 3 家清算所运营商。

2. 交易类型

准备金账户交收系统参与人可以进行无限制价值的资金转移，自行或代表客户向另一参与者或其客户的账户提供信贷。该系统在结算货币政策操作、支持货币、资本和外汇市场的银行间交易以及结算所的净额结算方面发挥着核心作用。

价值超过所谓的 VLB 支票的支票，巴西中央银行当前设置的参考值为250,000 雷亚尔，以及价值超过"VLB – Cobrança"（由巴西中央银行设定为 5,000 雷亚尔）的与 bloquetos de cobran 有关的付款，也是通过 STR 结算。在这两种情况下，银行之间的结算都是以双边总额为基础进行的。

3. 系统的运行和结算程序

准备金账户交收系统是一种实时总结算系统。可以通过国家金融系统网络（RSFN）或互联网对系统进行技术访问。RSFN 具有以 XML 消息标准格式为基础的专有通信协议。通过互联网进行访问时，使用准备金账户交收系统 Web 应用程序。通常，银行、结算所和国家财政部秘书处将 RS-FN 作为主要接入渠道，而互联网作为备份。非银行金融机构可以使用 RS-FN 或互联网作为它们的主要访问渠道。图 6.2 显示了准备金账户交收系统的一般技术框架。

参与人可以在四种不同的优先级别中选择一种资金转账命令。最高的是在巴西中央银行为银行提款和存款而预留的资金转账单，以及结算所净头寸的结算。没有指定优先权的转账命令按准备金账户交收系统的最低级别分类。

在系统收到资金转账命令后，立即提交资金转账单以供结算，但如果汇款人结算账户内的资金不足，或其他排队的资金转账单来自具有同等或更高优先级的同一参与人，则需排队。排队的顺序如下：（i）按参与人排序；（ii）按优惠程度排序；（iii）在同等优先级的情况下按照它们何时进入准备金账户交收系统的顺序排序。一般来说，排队的订单不能在前一个订单之前解决（即结算发生在先进先出的基础上）。为了避免支付流程出现僵局，当巴西中央银行认为有必要时，它可以激活一个程序来优化结算的过程。结算被认为是最终的（不可撤销和无条件的）资金计入有关结算账户。接收参与人被通知转让立即结算。

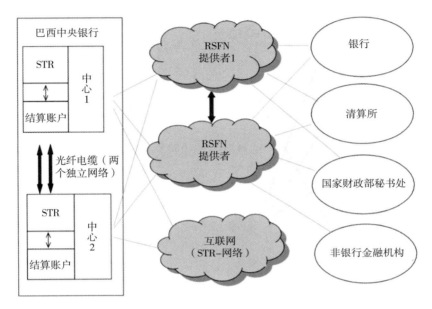

图 6.2　STR 技术框架

4. 风险管理

准备金账户交收系统的基本规则如下：为防止在发出银行和接收银行之间产生信用或流动性风险，（ⅰ）一旦资金转账单借记到发出银行的账户，并存入接收银行的账户，则结算终结，即无条件和不可撤销；（ⅱ）只有汇款银行的结算账户有足够资金时，系统才会发出资金转账命令；（ⅲ）接收银行只有在系统结清后，才会获得任何资金转账命令的通知，使其不能依靠与尚未结清的资金转账有关的流动资金。为了增加参与人的流动性，巴西中央银行使用回购交易免费向持有准备金的机构提供无限制的日内信贷账户。

5. 定价

准备金账户交收系统的定价政策旨在完全收回成本，即收取费用以弥补所有成本固定。费用一般按每笔交易收取，参与人不付签约费也不付年费。对于一个典型的资金转账命令，汇出参与人根据订单发送到系统的时间（以前的订单是以较低的费用）为准，而接收方每次订购均需支付 0.44

雷亚尔。参加人以互联网为主要通道，每月须缴费应付金额（500 雷亚尔，2,000 雷亚尔或 4,000 雷亚尔，根据参与者的月交易量而定）。

（二）资金转账系统（SITRAF）

1. 机构框架

SITRAF 由 CIP 拥有和经营，并完全由巴西中央银行监督，遵守巴西中央银行关于巴西清算和结算系统的规定。

2. 参与者

所有在巴西中央银行拥有结算账户的机构均可直接参与，截至 2009 年 12 月，该系统共有 89 名参与者。

3. 交易类别

SITRAF 主要处理银行客户在同一天发出的 TED 转账和其他资金转账单。它们通常被输入系统，以"准实时"方式结算（通常系统能在不到一分钟内发出 97% 以上的资金转账命令）。已输入系统的远期订单将首先存储，在交割日开始时提交给结算程序。

4. 系统的运作和结算程序

SITRAF 是一种具有连续净额结算程序的混合式（类似于 RTGS）结算系统。参与者通过 RSFN 交换电子支付消息。该系统由里约热内卢的两个数据处理中心（主要数据处理中心和备份数据中心，备份数据中心处于热待机模式）提供支持。

转账可按总额、双边净额或多边净额分批次结算（见图 6.3）。在每个操作周期开始时，每个参与者于 06:35 至 07:30（巴西利亚时间）之间，在巴西中央银行的 SITRAF 结算账户中进行初始存款（预存），在 SITRAF 环境内，初始存款被贷记到每个参与者的结算账户中，其中余额将随着每次的付入款项而增加，并随每次的外付款项而下降。参与者可在处理周期的任何时候补足 SITRAF 账户存款，即将资金从他们的准备金账户交收系统账户转账到 SITRAF 环境中。如果参与者在 SITRAF 有过剩的流动资金，他们可以在 10:00 至 16:30 将资金转移到准备金账户交收系统账户中。

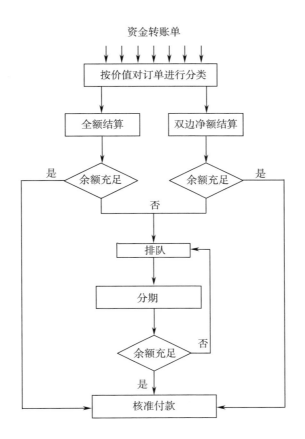

图 6.3 资金转账单的处理方式

5. 风险管理

对于类似 RTGS 的系统，下列规则可防止在系统级别（即直接在参与者之间）产生信用和流动性风险：（i）一旦资金转账单借记到汇款银行的账户，并存入接收银行的账户，则结算终结；（ii）只有汇款银行有足够的资金进行结算时，系统才会发出资金转账命令；（iii）接收银行只在结算后才会接到任何资金转账命令通知，使其不能依赖与尚未结清的资金转账有关的流动资金。

作为一个具有系统重要性的结算系统，SITRAF 设计的技术基础设施可用性指数可达到 99.8%，如果操作中断，可以在不超过 30 分钟内恢复。

6. 定价

费用按收回成本全额收取。对于每笔资金转账订单,费用由汇出行和收款行共同承担,收款时间由汇出行和收款行决定。对于汇款银行转账结算的手续费为 0.05 ~ 0.40 雷亚尔(截至 2009 年 12 月,为 0.27 ~ 0.40 雷亚尔)。

(三)外汇清算所

1. 机构框架

外汇清算所由 BM&F BOVESPA 所有并运营,也充当所有接受结算交易的中央结算对手方。它由巴西中央银行监督,并遵守巴西中央银行关于巴西清算和结算系统的所有规则。

2. 参与者

经巴西中央银行授权,银行及经纪公司可以在银行间外汇市场运作,如符合规定所列的管理、财务及营运最低要求,可参与清算所的工作。作为结算代理人(直接参与者),参与者必须在巴西中央银行持有结算账户(2009 年 12 月,有 70 个直接参与者)。

3. 交易类型

外汇清算所通过柜台执行或通过 BM&F BOVESPA 运作的电子交易平台(全球贸易系统)处理银行间的外汇交易。只有涉及雷亚尔和美元的交易通过外汇清算所进行结算。交易可以在 T,T + 1 或 T + 2 上处理,由对方选择。然而,绝大多数交易都是在 T + 2 上处理。

4. 系统的运作和结算程序

外汇清算所是一个多边净额结算系统。每个营业日有一个结算时段,从 10:45 开始,到 14:05(巴西利亚时间)结束。结算时段开始时,外汇清算所会通知参与者当天以国内和外币结算的净头寸。

5. 风险管理

因为所有交易都是按照对等支付(PVP)原则结算的,即一种货币的最终转移只有在另一种货币的最终转移发生时才会发生,所以,BM&F BOVESPA 不承担主要风险。为此,外汇清算所会监测和协调每项交易这两个阶段的结算过程。

外汇清算所也对参与者的开盘头寸设定了限额，以降低其自身所面对的结算风险。限额是参照参与者的财政实力及成交量而设定的。

参与者必须存入担保物（主要是巴西政府证券）以涵盖外汇汇率的波动（重置成本风险）。为了进一步分散其风险，该清算所在美国拥有四家代理银行。

接受结算交易受一个自动风险评估程序的约束，该程序考虑了每一位参与者的净头寸、头寸限额、可用担保品以及合同汇率相对于市场汇率的可接受性。如果一项交易执行的是市场外的价格，则需要额外的担保品才能接受结算。作为担保品的资产每天都会在市场上标售。

在违约的情况下，违约参与者不会收到合同购买的货币金额。相反，外汇清算所利用该金额通过购买违约参与者未能交付给对方的货币来完成交易。这种货币购买是通过直接交易或回购协议进行的，因为外汇清算所将参与者视为实际的违约者或仅因操作原因而成为违纪者。

在第一种情况下，系统会将参与者排除在外，并立即取消其相关担保品的赎回权。在第二种情况下，参与者在规定的最后期限前向清算所清偿债务（包括任何相关的重置费用），允许恢复回购协议，以便参与者能够收到其原合同的货币数额。如果参与者未清偿债务，则适用下列程序：（i）参与者被视为违约，并被排除在系统之外；（ii）其担保品被禁止赎回；（iii）回购协议被转换为直接交易。

为了降低流动性风险，外汇清算所依赖于由国内和国际银行组成的专门小组提供的条件。无论是哪种替代交易（直接或回购协议），外汇清算所都会从提供最佳条件的面板银行购买要交付给无违约参与者的货币。

外汇清算所取消违约者赎回担保品的权利，其金额足以支付汇率的任何变动。在任何情况下，非违约参与者会在到期日收到约定的货币数额。如有必要，外汇清算所可利用其国内或外币承诺条件来履行违约者的义务。

此外，外汇清算所设有维持结算基金和亏损分担机制，以保证在参与者违约情况下完成交易。结算基金由参与者在加入该系统时提供的捐款组成。捐款额由 100 万 ~300 万巴西雷亚尔不等，视参与者的持仓限额而定。

亏损分担机制为所有交易的参与者提供在违约日结算，以分担由此产生的损失，无论是否与违约参与者进行了交易。

二、零售支付系统

（一）支票清算所

1. 机构框架

支票清算所（COMPE）由巴西银行经营，该系统由巴西中央银行监管，并遵守其关于巴西清算和结算系统的所有规定。

2. 参与者

接受活期存款的银行机构必须参与，其他金融机构可选择参加。

3. 交易类型

支票清算所清算价值低于 250，000 雷亚尔的支票所产生的银行间头寸。

4. 系统的运作和结算程序

支票清算所是一种多边净额结算系统。准备金账户交收系统的银行间结算通常在 T + 1 进行，上午或下午的结算时段取决于已结清支票的价值。虽然在巴西，银行间仍在实际交换支票，但银行间结算已为完全电子化。支票信息通过磁墨字符识别（MICR）转换成电子数据，然后通过专有数据网络发送到支票清算所业务中心。其主要处理中心位于巴西利亚，第二个处理中心处于热待机模式工作，位于里约热内卢。

每日进行两次结算。每次的结算，为每个参与者计算一个全国性的多边净额头寸。这些净额头寸通过参与者在巴西中央银行的结算账户的准备金账户交收系统结算（从 09：00 开始），系统处理金额大于参考值（所谓的"超限额"支票，目前参考值为 299.99 雷亚尔）的支票。数据在前一天晚上同时发送到第一个和第二个处理中心（即收到支票的当晚）。价值低于参考价值（"低于限额"的支票）的支票在下午的结算时段进行结算（从 17:15 开始），这些数据将在结算日的上午发送给系统。

5. 风险管理

没有保证支票结清的机制。结算时段将把缺席参与者排除在外，解除其相关的头寸。

6. 定价

支票清算所收取支付结算过程中产生的所有费用。此外，参与者根据他们各自的结算量分担实际兑换支票的费用。

（二）银行间信用证延期结算系统

1. 机构框架

银行间信用证延期结算系统（SILOC）由银行间支付清算所（CIP）拥有和经营。它由巴西中央银行监督，并遵守巴西中央银行关于巴西清算和结算系统的所有规定。

2. 参与者

该系统向在巴西中央银行开立结算账户的所有金融机构开放（2009 年12 月，有120 个参与者）。

3. 交易类型

银行间信用证延期结算系统清算客户小额资金转账单引起的银行间头寸，即 DOC，TEC 以及与价值低于 5, 000 雷亚尔的 bloquetos de cobrança 有关的资金转移。该系统还清算通过 TECBAN 共享 ATM 网络（"24 小时银行"）进行的交易和通过信用卡交易产生的国内支付。

4. 系统的运作和结算程序

SILOC 是一种多边净额结算系统。不存在文件的实际交换，在每个结算时段都会为每个参与者计算一个全国性的净额头寸。通常，交易数据在客户启动的当天晚上以电子方式发送到系统。净额头寸通过参与者在巴西中央银行账户上的准备金账户交收系统结算，TEC、T + 1 上的 DOCs、bloquetos de cobrança 和来自 TECBAN 共享网络的交易在同一天结算。

每天举行两次结算，一次在上午，另一次在下午。银行间信用证延期结算系统在 05 : 10 之前将电子文件发送给参与者，告知其上午结算的净头寸，下午是在 15 : 05 之前通知他们的净头寸。在上午 8 : 20 结束的第一次结算期间，清算前一天交易产生的银行间头寸。在 16 : 10 结束的第二次结算中，主要是退回已结清的项目，即在上午结算中已提交的必须退还给发出银行的交易。

5. 风险管理

没有任何机制来保证系统处理的资金转账订单的结清。相关结算会将违约参与者排除在外,并解除相关头寸。

6. 定价

与资金转账系统一样,银行间信用证延期结算系统的目标是完全收回成本。截至 2010 年 2 月,每笔处理的交易收取固定费用(一般为 0.01 ～ 0.05 雷亚尔,申报表收取 0.35 雷亚尔)。

7. 正在进行和未来的主要项目

据系统运营商表示,以下主要项目正在评估中:(i)实施一项新的办法来管制参与银行提交的抵押品支付卡计划;(ii)参与国际收支框架(IPF)的可能性;(iii)扩大直接付款授权计划的范围;(iv)手机支付的清算结算;(v)对签证及其他缴费计划提供结算服务。

三、金融交易后续处理

根据证券和衍生品市场的相关法律规定,国家货币理事会(CMN)监管证券和衍生品市场,证券交易委员会(CVM)监管所有相关的活动和服务。根据 CMN 决议,证券结算和结算系统是由巴西中央银行和 CVM 共同监督,但 CVM 单独负责评估与系统风险有关的方面。

在巴西,提供证券结算服务的实体通常也提供所有邮政贸易处理,既作为清算所又作为中央存托所。以 BM&F BOVESPA 为例,它也是一个中央对手方。因此,提供这些的实体服务是垂直集成的。在某些情况下,集成扩展到交易环境。同时,存在一定程度的水平分割。由证监会运作的证券结算系统来结算联邦政府证券。这些证券也可以通过债务的多边净额来结算证券清算所。就其本身而言,股票和公司债券清算所进行清算和结算的主要是股票交易,而公司债券主要是清算和通过 CETIP 解决。除了股票和公司债券清算所和债务证券清算所,BM&F BOVESPA 还经营一项衍生品结算业务系统。广义上,DVP 在所有证券结算系统中都存在,几乎所有的证券结算系统都存在 DVP 证券非物质化。根据商业银行的规定,所有的证券和衍生品结算系统必须满足 99.8% 的最低可用性指标,并且必须具有能力在运作中断后，在不超过两小时内恢复运作。

四、相关机构角色及作用

（一）场外交易清算所（CETIP）

1. 组织机构

场外交易清算所由巴西中央银行和 CVM 联合监管，后者还监管证券和衍生品市场。同时，场外交易清算所与准备金账户交收系统和 SELIC 相关联，分别用于结算交易的资金项以及抵押品管理项目。

2. 参与者

任何获巴西中央银行或 CVM 授权运作的机构，均可使用本系统。该系统由 909 名直接参与证券结算的人士组成，其中 119 名直接参与 STR 的基金结算事宜。

3. 已结算的交易种类

托管结算系统（SELIC）、CETIP 主要处理公司债券、市政债券，与国库特殊责任有关的证券以及衍生品交易。CETIP 计划在上述服务的基础上，推出一项新的抵押品管理服务，最初的焦点将是场外衍生品交易的抵押品系统（双边保证）。

4. 系统的运作

除了场外交易清算所的角色，CETIP 还是一些银行的中央存款机构场外交易的证券。DVP1 和 DVP3 都用于结算，取决于处理的事务类型。除政府发行的证券外，CETIP 的账目维持在最终投资者的水平。交易双方将相关数据录入系统（双录入），系统匹配这两个条目。要提交事务，参与者使用市场通信网（RTM），而 RSFN 用于消息流有关资金结算的事宜。总是使用直通式处理方式。根据交易类型和进行时间的不同，交易发生在 T 或 T + 1。基金分支的多边净额通常用于初级市场交易，包括支付本金、利息和其他公司行为。双边净额的资金支付适用于衍生品交易，而实物支付适用于衍生品交易时间总结算用于二级市场交易证券的资金支付。

5. 定价

CETIP 根据提供的服务向参与者收取费用（证券发行、托管账户持有、电子交易平台相关服务、交易结算等）。结算服务收费如下：（i）按参与者每月进行的交易数量收取月费；（ii）手续费，根据结算方式的不同以及交易何时进入系统而有所不同；（iii）基金结算费，按照二级市场交易基金价值的一个百分比计算。

6. 风险管理

CETIP 交易没有中央交易对手，因此每个参与者都必须这样做管理交易对手风险，将 DVP 应用于所有人可以减轻交易对手的风险事务。因此，与违约参与者有关的交易只能通过双边途径进行银行结算。如果结算银行违约，系统允许在多边净头寸中转账，它会向另一家结算银行结算。

（二）巴西证券期货交易所（BM&F BOVESPA）

除了外汇清算所，巴西证券期货交易所拥有并经营本节所述的票据交换所。它是所有结算交易的中央对手方的角色。

1. 股票及公司债券结算所（前中央结算所）

（1）机构框架。

股票和公司债券清算所由巴西中央银行和 CVM 联合监管，后者还监管证券和衍生品市场。从参与者角度来看，银行、经纪人和交易商可以作为清算成员参与该系统，参与者主要分为三类：自结算会员、完整的清算成员以及具体的代理。第一类只提交自己的交易和客户的交易。完整的清算成员还提交由其他经纪人和专业人士进行的交易客户，如共同基金、养老基金、保险公司等。而具体代理商还提交一些涉及公司债券的交易。除获巴西证券期货交易所授权的金融机构外，所有结算会员必须符合某些规定业务和财务要求。该系统由 64 个结算成员组成。

（2）清理的资产和产品类型。

该系统清算涉及股票（现货市场和衍生品市场）的交易期权、远期和期货与公司债券（目前只进行直接交易）的交易。清算所提供三种类型的合同：（i）固定期限合同；（ii）借款人有权选择的合同到期前返还证券；（iii）出借人或者借款人订立的合同是否有在到期前终止交易的选项（在这种情况下，如果贷方回收借出去的有价证券，借款人有 4 天的交付时间）。

146

（3）系统运行。

除了作为一个清算所，该系统还是这两种股票的中央存托所以及一些场外交易的债务证券。结算通常以 DVP3 为基础。然而，系统的规则允许结算在实时交易的基础上进行一些交易的交易基础，如与 IPOs 有关的交易。作为保管人系统为每个最终投资者维护个人托管账户。同时，该系统与 SELIC 系统、场外清算交易所、欧洲清算银行（Euroclear）和存款信托与清算公司（Depository Trust & Clearing）挂钩公司。

（4）风险管理。

该系统只与清算成员存在委托—主体关系。按照规定，所有清算成员都必须存入抵押品以弥补其敞口的位置。根据清算成员提交的质押物，清算所确定各自的职位限制。每个清算成员将这个限制分配给予他们的成员相关联的代理或每个代理依次为其客户设置限制。每个级别限额可以在不同市场中划分，这些抵押品每天按市价计算。

考虑到现金权益和权益衍生品结算会员账簿上尚未结算的交易，在每个结算周期中，票据交换所实时计算每个票据交换所成员对票据交换所的系统风险。对于衍生品和证券借贷交易，该系统会从每一个原始交易对手的合同中提高保证金，以保险相关的风险敞口。

在支付违约的情况下，清算所通常使用来自银行的备用信贷额度。这些信用额度，允许票据交换所存在破产涉及的资产规模足以覆盖两家最大的债务头寸。此外，结算所可以按照指示的顺序使用下列资金：（i）违约参与者发出的保证金；（ii）违约参与者向结算基金作出的供款；（iii）其他结算成员向结算基金作出的供款；（iv）票据交换所自有资金。

2. 债务证券清算所

（1）组织机构。

系统由巴西中央银行和 CVM 共同监督，后者也监管证券及衍生品市场。该系统与 STR 相连，用于结算直接参与者的净资金头寸。这也是与 SELIC 挂钩，用于结算参与者的证券净头寸，也用于抵押品管理的目的。

（2）参与者。

参与者有资格与清算机构建立一种从本金到本金的关系，从而直接过户抵押品。参与者主要包括清算成员和集中结算参与者。清算成员即银行和经纪人，他们代表客户自行清算交易；集中结算参与者是养老金基金和保险公司，它们只清算自己的交易。

（3）系统运作。

多边净额结算和 DVP3 用于为结算目的接受的所有交易。场外交易必须由其中一方提交给 SISBEX，由另一方确认（双入口原则）。只有当他们的交易被预定在接受价格的范围内，OTC 交易才自动上报票据交换所和直接通过证券交易所进行交易的票据交换。清算所每天计算所有直接参与者的多边净余额。不会晚于每个结算日的下午 13:30，结算所会通知他们必须在下午 13:30 之前交付的证券和现金净头寸。债务证券头寸和债务基金头寸是通过转移到清算所的方式来弥补分别在托管结算系统和准备金账户交收系统的账户，然后票据交换所将证券给净买家，基金给净卖家。

（4）定价。

通常，清算所收取的总费用为每天每 100 万雷亚尔的交易收取 0.1 雷亚尔。

（5）风险管理。

所有参加者均须受持仓限制，持仓限额为张贴的抵押品及资产交易。这些限额是实时监测的，所有资产都按市价每天至少计算一次。为了管理其风险敞口，清算所使用了组合风险方法（压力测试）。这种方法与导数的方法类似。结算基金可用于支付违约参与者的债务，也可用于弥补第三方因经营失败而遭受的损失，无论它们是否是由直接参与者或巴西证券期货交易所本身引起的。为了在付款失败时降低流动性风险，清算所可以动用备用资金信用额度由银行专责小组支付。

3. 衍生品清算所

（1）组织机构。

系统由巴西证券期货交易所拥有和操作。它由商业银行和 CVM 监管，后者还监管证券和衍生品市场。该系统与准备金账户交收系统连接，用于结算净财务头寸，并与托管结算系统和 CETIP 的抵押品管理挂钩。

（2）参与者。

银行及经纪公司须遵守系统规例所列的规定，才可以作为结算成员或直接结算参与者，这些规定包括最低资本要求和管理、组织和证明业务能力。非银行参与者必须是在商业银行有账户的机构，票据交换所由 81 名结算成员及 29 名直接结算参与者组成。

（3）系统运作。

衍生品清算所是一个 T + 1 多边净额结算系统。所有的交易都进行了通过全球贸易系统被捕获后立即执行贸易或不交易需要确认程序。因此，场外交易合同必须由交易参与者和市场参与者共同参与并经对方确认。结算过程遵循以下规则：（i）在适用情况下，以净交易数量交付商品；（ii）与实物交割商品和净财务头寸有关的支付完全以现金结算的合同被纳入参与者的多边净头寸。

（4）定价。

收费标准取决于市场细分（远期、期货、实绩期权、期权），以及获取方法和商品类型（如适用）其他标准。

（5）风险管理。

清算所的风险覆盖模型将"违约方支付"与"幸存者"结合起来支付的原则。"违约方支付"是主要的保护机制，具有原创性交易对手要求按其未平仓头寸的风险按比例存放抵押品。参与者，即结算成员和直接结算参与者，也被要求发帖担保尚未分配给予原始交易有关的风险的担保物。DVP 用于现货市场交易。在衍生品市场，票据交换所每天发出追加保证金通知，按市场未平仓头寸和抵押品计价。

（三）托管结算系统

托管结算系统（SELIC）是巴西国债市场最主要的托管结算系统。托管结算系统的性质为系统而非机构，这不同于巴西其他托管平台。托管结算系统属中央银行所有，但实行公私合营的模式。中央银行身兼债券托管结算机构和资金结算银行的双重身份。在巴西中央银行和市场成员的共同努力下，该系统于 1979 年由巴西金融与资本市场协会（ANBIMA）推出上线，为巴西国债市场提供所有债券的无纸化管理服务。该系统由中央银行与 ANBIMA 共同管理，其中巴西中央银行公开市场操作局负责系统的日常运营与维护，ANBIMA 负责技术支持。该系统采取非营利模式，所获盈利用于可持续开发及人力投入等。

第二节　征信体系

征信体系被视为一个国家关于征信体系汇总不可或缺的组成部分，是金融体系健康发展的重要环节，它在减少借贷市场上的信息不对称、抑制信用配给行为、减少逆向选择和道德风险、减少"信息租金"、降低违约率等方面发挥着重要作用①。世界范围内主要存在着三种不同的征信模式，即以美国为代表的市场化征信体系、以欧洲国家为代表的政府主导的征信体系和在日本、巴西等国家发展起来的会员制（行业合作式）征信体系。与前两种模式相比，巴西的征信体系具有如下特点：一是兼具私有征信机构和公共信用信息登记机构并行发展模式的特点；二是信用信息的主体为消费者和企业，各自通过经济活动留下各自的信用信息，即信用信息与经济活动相关联；三是征信机构具有行业内的公权力，在行业内具有一定的信息优势。

一、征信体系的演变

早在 20 世纪 50 年代，巴西的市场上就出现了征信服务。以"雷亚尔计划"的实施作为巴西征信体系发展的分水岭，在这之前的 20 年中，金融体系最根本的任务是抑制过高的通货膨胀率；在这之后，巴西出现了一个信用需求与违约率"双高期"。在这样的背景下，各类金融机构、授信企业甚至监管当局对征信的需求也不断增加，巴西的征信体系因此得到较大发展。

---

① Jappelli, T. and M. Pagano. Role and Effects of Credit Information Sharing [M]. //forthcoming in The Economics of Con－sumer Credit：European Experience and Lessons from the U.S, edited by Giuseppe Bertola, Richard Disney, and Charles Grant [M]. Cambridge：The MIT Press, 2005.

（一）高通货膨胀时期的征信体系

在"雷亚尔计划"实施之前的高通货膨胀时期，巴西经济衰退、外债高筑、承受着恶性通货膨胀。为了遏制恶性通货膨胀，巴西对现金的使用有严格限制，在几乎所有类型的商业交往中都普遍地使用支票结算。在这个时期，形成了巴西银行吸收储蓄与 GDP 之比很高，但储蓄信贷比却较低的特点。基于这两方面的原因，支票信用问题（包括资金不足、过期、使用被盗支票、使用遗失支票等）成为巴西在高通货膨胀时期面临的最主要的信用问题，而解决支票信用问题的关键是对"黑色"信息的披露。根据市场分割理论（Pinherio，2002），"黑色"信息的共享是可能的，因为"黑色"信息不存在"信息租金"，而且共享还可以提高减少损失的可能性。在这个时期，由巴西中央银行主管的无效支票登记中心（CCSF）和财政部主管的违约者登记中心（Cadin）应运而生，成为高通货膨胀时期最重要的信用信息提供主体。

高通货膨胀时期，巴西征信体系的特点可以概括为以下几点：一是信用信息提供者多样化的结构特点基本形成，但由政府主导的机构发挥的作用更大，地位也更重要；二是征信体系中的信息内容主要是不良信用信息，描述征信对象情况与特征的"白色"信息含量很小，信息结构压倒性地偏向于"黑色"信息；三是提供的信用产品主要是与支票信用有关的。

（二）"雷亚尔计划"之后的征信体系

"雷亚尔计划"实施之后，巴西的恶性通货膨胀得到有效控制，消费信贷和企业贷款的需求迅速增长，信贷业务成为银行的主要业务。在短短的十几年内，巴西征信体系有了很大的发展，信用信息内容由支票信用信息为主向支票信用信息、个人信用信息、企业（法人）信用信息并行转变，由"黑色"信用信息为主向"黑白"信息并重转变。在"雷亚尔计划"之后，巴西征信体系逐渐形成了"四强并存"（Serasa、SPC、SCI/Equifax 和 CRC）的格局，其中 Serasa 和 SPC 是两家最为重要的、极具特色的机构。

二、主要征信机构

（一）公共信用信息登记机构

巴西的公共信息登记机构主要有巴西中央银行主管的 CCSF、财政部主管的 Cadin 以及巴西中央银行在 1998 年组建的信用信息登记中心（CRC）。

CCSF 是巴西最传统的信用信息机构，在 1970—1990 年的高通货膨胀时期发挥了十分重要的作用，CCSF 提供的产品主要为不良支票信息查询，覆盖面较为广泛，其运行机制主要依据巴西《银行法》，由各银行将各自的支票退回信息在 CCSF 系统中登记，运行机制具有强制性。

Cadin 主要登记与公共金融机构有关的违约信息，既登记债务违约信息，也登记拖欠电费、有关税收的不良信用信息。Cadin 的作用原本也是为了帮助国有银行控制信用风险，巴西原来的法律规定，国有银行不能向 Cadin 数据库中包括的企业贷款。

1998 年，CRC 是由巴西中央银行的银行监管部具体组建的，设立这个机构的主要目的有两个：一是为金融机构提供企业和个人的总的负债状况，帮助金融机构更有效地实现其资产组合的管理；二是提供更为详细的信用信息，弥补传统的中央银行主管信用机构信息单薄的不足，以便更好地服务于中央银行对商业银行的监管。CRC 规定，凡超过 5 万雷亚尔的贷款信息都应该在 CRC 中登记。对于低于这个门槛的贷款，各金融机构要报告其总额、分企业和个人的总额、企业和个人总数。除此之外，银行还需要提供一些重要的分类信息：（1）到期时间小于 180 天、180 天到 360 天、360 天以上的贷款总额；（2）逾期时间在 60 天以内、60～180 天、180～360 天、360 天以上的贷款总额。须提到的是，自卢拉任总统后，进一步将 CRC 改造成以"白色"信息为主的 SCR。登记的时间间隔为每月一更新，最迟在每月 20 日，各金融机构必须将上月的数据登入 CRC，如果延迟和拒不登记，将会受到处罚。CRC 主要服务于银行的监管，对其中信息的使用有相关法律规定。其中最主要的一点就是严格限制在金融系统内部使用，不得向公众开放，也就是不得利用该数据库进行商业性的活动。只有在得到客户的书面许可时，金融机构才能在 CRC 系统中查询客户的财务信息。

公共信用信息登记机构的主要信息来源是巴西的商业银行、联邦机构，根据巴西的法律，这些机构必须在公共信用信息登记机构及时登记相关信用信息①。

（二）"行业性合作模式"征信机构

"行业性合作模式"（Industry – scopecooperative）征信模式是巴西征信体系的主要特色，其中 Serasa 和 SPC 是两家最为重要的征信机构。

1. Serasa

Serasa 在巴西市场已有 50 多年的历史，最初在 1968 年由巴西当时的三个主要银行共同组建而成，后来，Serasa 规模逐渐扩大，各主要银行逐渐加入，到现在，巴西几乎所有的中、大型银行都是 Serasa 的股东。Serasa 是拉丁美洲中最大的数据库，提供消费者和企业的信用信息，并提供风险管理、安全营销、回收债务等解决方案。Serasa 代表了第一种"行业性合作模式"，称之为共同持股型行业合作模式。

（1）Serasa 基本运行框架。

Serasa 的运行逻辑接近于公司型征信机构，即先从信用信息源获得原始数据，汇总至"信息池"内，再通过专业技能进行专业"加工"，生产出不同类型的、适用于不用客户群体的信用信息。它与公司型征信机构最大的差异在于，其持股银行既是它的股东，也是主要信息来源，同时还是其主要客户②。

（2）Serasa 的运行模式（见图 6.4）。

第一，盈利与风险控制两大动机驱动着持股银行的信息共享。银行是企业和消费者信用信息最重要的来源之一，作为利益共同体的各家股东银行有动力向 Serasa 提供信用信息，保障了 Serasa 的信息优势，也保证了其具有足够的竞争优势。

---

① 石晓军. 巴西征信体系的三维分析及政策启示［J］. 学术研究，2007（5）：50 – 56，159 – 160.

② 石晓军，蒋虹. 征信体系中的行业合作模式及对我国的启示［J］. 金融理论与实践，2006（6）：12 – 15.

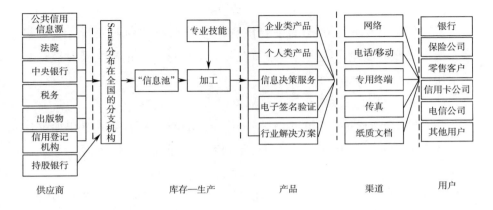

图 6.4　Serasa 基本运行框架

风险控制动机主要是关于信用"黑色"信息的。由于"黑色"信息没有信息租金（Pinheiro，2002），同时，在第一时间内掌握"黑色"信息还能有效地降低风险损失的可能。因此，持股银行有动力在第一时间内将企业或个人的不良信用信息输送到 Serasa。由于 Serasa 的持股银行几乎覆盖了巴西所有重要银行，因此，它的不良信用信息更新速度很快。例如，支票的不良信用信息，在巴西的信用信息中占据了很重要的地位，最传统的汇集支票信用信息的登记机构是巴西中央银行控制的 CCSF。

第二，依靠强大的分支网络实现信息收集。征信机构的核心竞争力主要表现在信息覆盖面广、信息准确、信息更新及时、信用报告的分析深刻。Serasa 的信息收集和汇总主要依靠其遍布全国的分支网络。Serasa 的分支机构几乎全部覆盖了巴西经济比较发达的地区，在全国的覆盖率达到 2/3 以上。

第三，需求增长与竞争压力促使产品创新。随着需求增长而来的是竞争的压力，Serasa 主要面临着来自政府主导的信用信息登记机构（例如 CCSF、CRC、Cadin）、私有（与外资合资）征信机构、其他行业性征信机构（如 SPC）的竞争压力。在这样的情况下，Serasa 进行了积极的产品创新，目前已形成六大类产品，覆盖了从最简单的支票查询到高级信用风险分析、违约率预测、行业信用管理解决方案等高级产品的整个谱系。

第四，在产品大类的基础上按照服务次数细分定价。Serasa 市场竞争力的另外一个来源是它精细的产品价格定价体系。通常，征信机构会在产品大类的基础上，按照产品的复杂程度进行细分定价。Serasa 根据自己的产品特点，按照客户接受服务次数的多寡进行细分定价，这种定价方法旨在通过提高单个客户的使用次数促进总的销售额。

第五，注重质量、承担相应的社会责任。Serasa 对产品质量极为重视。早在 20 世纪 90 年代初（在"雷亚尔计划"实施之前）Serasa 就开始试行全面质量管理体系，1993 年以巴西"国家质量奖章"的标准进一步规范其全面质量管理体系。1997 年 Concentre 产品通过 ISO 9002 认证，1999 年 ACHEI 和 Recheque 通过 ISO 9002 认证，2000 年 Concentre 产品再次通过 ISO 9002 认证，2002 年包括 PEFIN 等在内的 5 类产品通过 ISO 9002 认证。经过不遗余力的质量管理的努力，Serasa 的产品质量获得高度认可，它分别于 1995 年和 2000 年获得巴西"国家质量奖章"（PNQ），这是巴西质量管理的最高荣誉。

2. SPC

SPC 是由巴西零售商协会主办的非营利性信用信息机构，历史悠久，其设在里约热内卢的机构早在 1955 年就开始运行了。SPC 代表了第二种行业合作模式，称之为行业协会主导型合作模式。

（1）SPC 的基本运作框架（见图 6.5）。

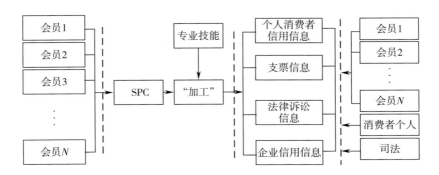

图 6.5 SPC 基本运作框架

SPC 接近于信用局的运作方式，是一种"互惠型"的信用信息登记机构，相较于信用局最大的不同在于：SPC 是一个松散的联合体系，是由分布在巴西全国 130 多个城市的基层机构联结而成的一个网络，联系这些机构的纽带是行业协会；同时，SPC 是零售商协会组织的征信机构网络，它的信用信息主要来源于各类零售商，信用信息专业性更强。

（2）SPC 的运行模式。

第一，"黑色"信息共享与专业优势是主要驱动力。SPC 成立之初试图通过零售商间的"黑色"信息共享而实现风险防范与控制。SPC 包含的信息内容主要是个人消费者的不良信用信息。通常，使用者将 SPC 视作"否决性征信机构"（VetoRegister），也就是说某消费者一旦有不良信息被 SPC 记录，就很难在正式的零售市场（包括信用卡、零售金融市场）获得信用给予。

零售商具有分布分散、覆盖地域广泛、规模参差不齐的特点。将零售商掌握的消费者信用信息汇总在一起，能形成较强的"专业"优势。正是这种专业优势使 SPC 在五十年的时间里不断发展壮大，成为其他征信机构一个非常重要的信用信息来源。

第二，明确成员的责任和义务。SPC 的运行机制是"互惠"型的，要成为 SPC 的用户首先就要成为 SPC 的成员，SPC 的信息只向成员用户、被调查对象以及司法系统开放。SPC 的成员用户须与零售商协会签订协议，规定双方的责任和义务。

第三，定位于有专业优势的信用信息供应商。SPC 的产品主要是信息类的，较少做"深加工"，这一点和 Serasa 有很大的不同，也是由 SPC 信息内容的特点所决定的。SPC 在信息"专业性"方面有较强的优势，有时也成为其他征信机构的信息来源，但同时，"专业性"也意味着信息比较单一，很难像 Serasa 那样开发出很多种类的信用产品与服务。

（三）私有征信机构

以盈利为目的的私有征信机构在巴西也得到很大的发展，它们当中绝大多数都是中小型征信机构，它们通常不在全国范围内经营，而是主要在圣保罗这类金融中心城市提供专门的服务，其主要特点是更为灵活、更具专长和特色、只服务于特定的细分市场。

规模较大、在全国范围内提供服务的私有征信机构的典型代表是 SCI。

1998 年 SCI 80% 的业务被 Equifax 收购。收购之后便采用了与 Serasa 有很大不同的 SCI/Equifax 运行模式。它不是互惠合作型，而是公司型的，简单来说，无论是不是其成员，都可以成为它的用户。面对越来越激烈的竞争，SCI 近年来也开始逐渐向专业化的方向发展，对于用户 SCI 也会采用一些激励措施（比如折扣）等鼓励他们提供信息。并且在产品中增加一些有特色的内容，比如欺诈侦查等。

三、征信体系的相关规则

与美国、英国和欧盟不同的是，巴西没有专门的法律规定信用信息的采集与使用。适用于信用信息的收集与使用的条款散见于巴西的《宪法》和有关专门法。与此有关的专门法律包括《消费者保护条款》（Consumer Protection Code，简称《第 8078 号法》）《HabeasData 法》（简称《第 9507 号法》）《第 4595 号法》《普通电信法》。《第 8078 号法》的"第 6 部分：消费者数据库和调查资料"第 43 条（共 5 款）是关于消费者信息收集的。其核心内容包括：（1）规定了不良信用信息最长保留时间为 5 年，无论 5 年之前的欠款偿还与否，该信息在现在的信用报告中都不显示；（2）规定了消费者对不正确数据的修正要求权；（3）规定了信息机构修正不正确信息的责任。《第 9507 号法》则比较详细地规定了公民对关于自身不正确信息与数据的抗辩权（The Habeas Data Action）。

第三节　法律制度

一、有关外资的法规

（一）巴西外资政策和外资立法的沿革

从 20 世纪 40 年代至今，巴西的外资政策和外资立法大体经历了以下几个阶段。

1. 起伏期（约 1946－1955 年）

巴西政府从 20 世纪 50 年代初起，一方面修订有关外资政策和外资立法，在进口生产资料与技术时采用低汇率，并且用高汇率限制消费品进口；另一方面紧缩信贷，贬值货币，主要从国内税收中筹集资金，以减少对外依附。采取这些措施主要是因为这一时期巴西政府过度放宽外汇管制，取消进口限制政策，导致黄金外汇储备大量外流，形成了国际收支赤字。尽管巴西国内对这些措施存在不同意见，但是采取这些措施后，巴西取得了直接经济效益，国际收支改善，通货膨胀率下降。

2. 过分严厉时期（约 1956－1964 年）

这一时期是战后第一个高速发展的时期，国内生产总值年平均增长率达 8.3%。巴西的政策开始由紧缩转为开放，特别放宽了机器设备与技术进口的限制。但这样的政策却造成了两个严重问题：国际收支不断恶化和通货膨胀率快速上升。巴西政府为了应对这种状况，再次紧缩信贷，削减联邦预算，提高外汇汇率，结果引起外国直接投资猛烈收缩，工厂因资本短缺开工严重不足，许多生产部门被迫减产，经济增长率急剧下跌为 1.5%，通货膨胀率更加速上升到 144%。由于工商业界对政府过度严格的措施极力反对，这些措施很快就被废止了。

3. 比较客观地反映经济规律时期（约 1964－1978 年）

这一时期又分为三个阶段。

（1）1964－1966 年，巴西政府在这段时期对金融市场和金融机构进行了广泛的革新。简化外汇管制，废除了禁止外资盈利汇出的规定，鼓励外资直接投资与对外出口。在货币政策方面，调整了原来抑制需求的方法，外资企业得到了相应的发展，1966 年国内生产总值增长率上升到 5.1%。

（2）1967－1974 年，外资立法和政策的重点由稳定转向高速发展。在此期间，巴西政府颁发了《资本市场法》等一批法规，鼓励外商投资，大量引进外资和外国技术，特别是机器设备占进口商品总值的 30% 以上；大量发行债券和增发巨额货币；增加公共投资，并通过建立全国住房投资银行，快速扩大房屋建筑与房屋消费信贷等措施，促进了巴西经济的高速发展。

（3）1975－1978 年，在法律政策上仍鼓励大量投资，导致债台高筑。1979 年底外债总额上升到 494 亿美元，外国直接投资 159.6 亿美元，两项合计 653.9 亿美元，巴西的法律、政治、经济受到新的挑战。

4. 实行紧缩政策时期（1979 年至今）

面对新的挑战，1979 年巴西政府又一次采取紧缩政策，但长期效果并不好。于是，政府提倡加速发展经济，结果 1981 年经济增长率确实大大回升，达到了 7.9% 的高度，但债务也以更快的速度上升，达到 538.5 亿美元，通货膨胀率也上升至 110.2%。因此，巴西政府不得不新借贷款 120 亿美元。1981 年底，巴西外债总计为 614.1 亿美元，当年外债本金和利息两项占全国出口总值的 72%，导致国际货币基金组织直接干预，巴西被迫采取全面紧缩的政策。

（二）巴西外资立法的主要内容

在巴西的外资受到 1962 年 9 月 3 日颁布的《外资法》和 1964 年 8 月 29 日颁布的《第 4390 号法》的约束，而这两部法律都受 1965 年 2 月 17 日《第 55762 号法》及其修正案的约束。

1. 外资

巴西的《外资法》规定，外资是指"不经巴西外汇支出而进入巴西的，旨在进行生产或提供服务的商品、机器和设备；或用于巴西经济运作的外来金融资源及货币资源。上述商品、机器、设备、金融资源及货币资源的所有权应属于居住、定居或总部在巴西以外的自然人或法人"。

2. 外资注册

（1）所有外国投资必须在巴西中央银行注册，由巴西中央银行颁发外国投资证明，并注明投资的外国货币金额及相应的雷亚尔金额，外资在投资利润汇出、撤资或用利润再投资时需出示该证明。

（2）国外企业使用外国货币在巴西进行的投资不必事先经巴西政府批准。在巴西投资建厂或获得现有巴西企业的所有权，只需通过巴西有权进行外汇操作的银行将外国货币汇入巴西。外资注册由巴西受益企业向巴西中央银行提出申请，申请应在外汇买卖合同成交后 30 天内进行，申请时应同时提交资金的资产化证明。

（3）外国信贷转化的投资须事先经巴西中央银行批准，经批准后应进行象征性的外汇买卖操作。巴西企业应在 30 天内将该资金资产化，并向巴西中央银行提出外资注册申请。

3. 撤资

在巴西中央银行注册的外资可以随时撤回原始国，无须事先批准。若撤资金额大于注册金额，大于部分则被视为投资利润，需缴纳所得税。外资撤出时，巴西中央银行以企业资产负债表为基础对外资企业的净资产进行评估。若企业净资产为负，则认为投资资产受损，从而禁止资产亏损部分撤回原国。

4. 直接投资

（1）凡不取得外汇补偿而进入巴西的产品或货币即为直接投资。货币进入巴西时，须按其本来的货币形式予以注册。

（2）当直接投资是未用外汇补偿的产品时，则应以投资者本国或公司驻在国的货币，或以产品原产地国家的货币予以注册。注册的价格是原产地国家的价格，须经有关单位审核。

（3）巴西中央银行在对引进的产品或货币进行相应的审核之后，签发一份注册证明书。

（4）巴西中央银行可批准将汇出外国的、记录在案的贷款本金和利息转变成投资。

（5）在由巴西政府垄断经营间接控制的一些部门中，作为直接投资引进的货币，事先要经主管当局批准。

（6）用外资购买股票交易所中标明的公司的股票，应通过巴西中央银行批准的投资公司来间接进行。

（7）投资股票交易所的资本，必须在巴西至少存留两年。

5. 再投资

（1）在巴西成立的公司所产生并分配给居住在国外的个人或公司的利润，又被再次投资于产生利润的公司或巴西国民经济中其他部门，即为再投资。

（2）所得利润在巴西再投资时，应以巴西货币予以注册；若不进行再投资时，应以利润所拟汇往的某一外国货币注册。这两种货币的折算，要以投资者的资产负债表核实产生利润之日与投资者完成再投资手续之日的两个有效汇率的平均值为准。

（3）再投资被批准之后，巴西中央银行将发给公司相应注册证明书。

6. 贷款

贷款的形式有现金贷款和进口信贷两种。前者是以现金形式进入巴西，后者是国外提供信贷，用于进口机器、设备等的支付。

（1）现金贷款。现金贷款可以由企业与国外金融机构直接签订合同，也可以通过私人发展或投资银行，以及得到批准可以从国外获得贷款并转贷给巴西公司的银行。现金贷款要取得巴西中央银行的批准，这类交易必须按国际货币市场上的现行利率来达成。巴西中央银行有权批准已注册贷款的利息，已注册资本可汇往国外的利润，或是任何可汇往国外的金额，按其允许的利息率重新予以注册，变成一定期限的贷款。

（2）进口信贷。进口信贷超过 360 天，则有可能优先在巴西中央银行注册。注册之后，该项进口要受到巴西银行外贸局的审核。审核的内容是国内是否有同类型的生产，国内生产的数量是否充裕等。

7. 关于汇出

（1）本金汇出。①筹措的资金和贷款的本金汇出，要遵照注册证明书所载明的条件。②直接投资本金汇出。在巴西进行股票或股份销售的业务时，要递交过户的证明。当公司资本金减少时，要递交公司修改的章程或全体股东大会的记录，公司一旦解散，要递交公司自愿解散和清算的核算表，或全体股东大会关于解散公司做好清算和结业工作的会议记录。如果汇出金额超过注册证明书上规定的外汇现金额度，即被认为是资本经营所得，要交付 25% 的所得税，且应事先得到巴西中央银行的批准。

（2）利润汇出。巴西政府不禁止汇出利润，但必须依法缴纳 25% 的所得税。此外，当前 3 年汇出的平均净利润超过公司注册的外来资本金额 12% 时，要缴纳附加税。公司生产的产品和提供的劳务，如被认为对巴西是不必要的，其利润汇出额每年限制在 8%。超过这一数字的汇出金额，均视为抽回资本，要从在巴西中央银行注册的资本中予以扣除。外国企业下属机构的盈利，均被视为供给母公司使用。因此，一旦确定了利润额，则不管任何汇出，一律征收25%的所得税。只有进行再投资时，财政部才允许将此税率减至15%。对股票交易所的投资所得，其汇出的征税方法，同汇出股息的征税方法一样，都是按照汇出额超过投资额12%的附加税率表计征相同的税额。但最初投资的注册满8年以后停止课征。

（3）利息的汇出。利息的汇出，按照注册证明书执行，即征收25%的税。提供外币现金贷款和给予巴西进口以外汇通融的个人或法人团体，有权只按应纳所得税金额的95%交付。10年以内还本的外国贷款，与其利息、佣金、费用和折扣有关的所得税，财政部部长可以批准退还、减少或豁免。但必须以有效地降低企业或国家经济实体经营财政金融业务的成本为前提，同时必须符合国家利益和法律所确定的条件。

（4）特许权费的汇出。有关使用商标和专利以及技术服务等费用的汇出，根据不同的工业集团和生产类型，可以从生产品或零部件组装的产品销售净收入中，汇出5%～10%。当以收缴所得税为目的来确定应纳税的所得额时，上述类型的汇出即为支出。在巴西建立的分公司，指成立于巴西，但其有表决权的股份至少有50%为总部设在国外的企业所拥有的法人团体。若其母公司总部设在国外，或者一个巴西公司的多数资本为居于国外的特许权费收受人所拥有时，均不得将使用于发明专利和工商业商标的特许权费汇出国外。凡与巴西有防止重复征税协定的国家，如奥地利、德国等，其有关公司税项的缴纳，应按相应的协定规定办理。

8. 汇率的有关法规

巴西对外汇实行较严格的管制，外国企业或个人（除有外交特权的单位或个人之外）在巴西银行不能开立外汇账户，外汇进入巴西首先要折算成当地货币后方能提取，雷亚尔是唯一通用的货币。但是，外汇买卖比较自由。目前，巴西有两种法定外汇市场：商业外汇市场和旅游外汇市场。它们由中央银行进行规范，并实行浮动汇率制。"商业汇率"，又称"金融汇率"，实行自由浮动。该汇率主要用于：（1）进出口贸易发生的外汇兑换，凭进口许可证可购买外汇；（2）投资进入巴西的外国货币的外汇兑换；（3）巴西自然人或法人的外币贷款；（4）经巴西外汇管理当局批准的其他向外汇款。"旅游汇率"，也实行自由浮动，主要用于旅游行业的外汇兑换。进入巴西"商业汇率"市场在某些情况下须经中央银行事先批准，而巴西"旅游汇率"的使用则无须申请批准。汇兑操作通过外汇买卖合同进行。此外，巴西存在外汇"平行市场"（其实是"黑市"），报纸每日公布"平行市场"价格。目前，其汇价同法定外汇市场价相差无几。

9. 外国在巴西投资的限制

巴西政府不允许外国投资者在以下领域投资：核能、医疗卫生、养老基金、海洋捕捞、邮政等。不居住在巴西的外国人不能购买巴西土地，居住在巴西的外国人购买农村土地受数量限制，巴西边境地区的土地不允许向外国人出售。外国企业可购买用于具体的农牧业、工业化、垦殖定居等项目的农村土地，但需经巴西农业部等有关部门批准。外国投资者不能独资在巴西经营银行和保险业，也不能在金融机构中占多数股，除非总统从国家整体利益考虑给予特别批准。90 天内的短期信贷进入巴西需缴纳 5% 的金融交易税，90 天以上的信贷则不需缴纳。巴西航天企业仅允许少量外资股份存在，外资在民航企业的股份不得超过 20%。

10. 投资转移

外国投资者可以转让拥有的巴西企业股份所有权，也可以让与或以其他方式向国外转移。对此类转移行为巴西政府不征税，转移价格由企业自主决定。投资易主时应重新在巴西中央银行进行外资注册，外资注册金额以原投资注册金额为准，与实际转让价格无关。此类外资注册实际上是在巴西中央银行进行投资者变更手续，以便新投资者能合法地将利润汇出、利润再投资及撤资回国。

二、有关上市公司的法规

巴西 1976 年《第 6404 号法》对封闭公司与上市公司进行了区分。上市公司必须采用公司制形式，并且其证券能在证券市场上交易，从而能从公众筹集资金。由于上市公司能通过公开发行证券来筹集资金，他们受巴西证券及外汇委员会发布的一系列旨在保护投资者的法律及规定的约束。依据巴西 1986 年《第 6385 号法》设立的巴西证券及外汇委员会是隶属于巴西财政部的联邦机构，机构设立的目的是管制、发展、控制和监督巴西的证券交易市场，因此，与非上市公司拥有较多自主制定公司管理制度不同的是，上市公司要受到一些限制性管理规定的影响，从而使股东在制定公司规章制度方面的权利减少。巴西的上市公司除了要遵守巴西的《公司法》外，还要符合一定的注册要求才能在股票交易市场上交易。在巴西，只有上市公司才有资格发行大额定期存单从巴西国外的证券市场上筹集资金。

三、有关资本市场管制的法规

影响巴西资本市场的相关法律主要有《证券法》（《第 6385 号法》）和《公司法》（《第 10303 号法》）。《证券法》负责调节整个资本市场的宏观运行、证券的公开出售、证券的发行、对券商及中介机构的信息披露，以及公司和投资者可以在证券市场上交易的证券种类等。《证券法》赋予证券交易委员会对资本市场的管制权力以及政治权力。《证券法》对市场的管制职能是通过国家货币理事会（CMN）发布的一系列决议、通告、指令、讨论及管理规定实现的。巴西中央银行、证券交易委员会以及股票市场共同对场外交易市场进行管理。

在巴西有价证券市场进行投资的外国投资者必须具备以下条件：本身必须是投资公司、拥有投资基金、持有外国自然人或法人的有效证件、具有外国投资管理机构的有效证明等。

同时，巴西在资本市场实施合规性成本削减计划，通过标准、简洁和有效的审查程序，能够降低合规参与者的成本，降低投资者的风险，保护资本市场的完整性。该计划有两个方面内容：2018 年减少冗余的监管要求和监管计划；2019 – 2023 年，开展一系列的监管影响分析方法，提高监管的效益。

四、有关金融交易税的法规

（一）金融交易税的征税范围

2012 年的巴西《税法》规定对金融交易征收金融交易税，也称"金融操作税"（IOF "Imposto sobre Operações Financeiras"），具体规定如下：本税适用于与信贷、汇兑、保险、证券以及与黄金有关的特殊交易，这些交易在法律上被视为金融资产或交易工具（最终进入金融市场的黄金）。

（二）金融交易税的税率

巴西《税法》对汇兑所征收的金融交易税是外国投资人的股息和红利税率为零，信用卡公司为了国外顾客使用信用卡购物进行的汇兑交易的税率为6.38%，还款期不超过720天的外国贷款合同的税率为6%。巴西《税法》对证券交易所征收的金融交易税是以证券交易金额为基础，按照每日最高1.5%的税率征收。巴西《税法》对黄金交易所征收的金融交易税的税率是黄金交易价值的1%。巴西《税法》对非居民持有本国资产获得的收益所征收的金融交易税是非居民根据资本收益按照15%税率征收。截至1999年1月1日，居住于2010年第1037号标准规则列明的"低税收管辖区"的非居民，根据其报酬按照25%的税率征收金融交易税。

五、有关代理银行和直接信贷的法规

为了推动金融包容，使农村地区和小微企业能进入金融体系并获取金融服务，巴西也作出了诸多努力。在小微金融机构、小额贷款、推动银行深入偏远贫困地区扩大覆盖面等方面出台了大量的政策和法律制度，有效地提升了巴西金融包容程度。其中最为典型的经验就是巴西的代理银行（Correspondent Banking）和直接信贷（Direct Credit）。

银行设置分支机构需要耗费大量的成本，例如安全设施成本、交通运输成本、人力成本、资本要求成本以及其他成本等。然而由于人口密度低、业务量小，银行在农村地区或偏远地区设置分支机构的收益有限。出于成本收益的考量，银行往往不愿在这些地区设置分支机构，使当地居民难以获取金融服务。为了解决这一问题，使偏远地区或农村地区的居民能够公平地享受金融服务，巴西金融当局推动主要的几家银行在上述地区设置代理银行、提供金融服务。

所谓代理银行，就是本身并非银行的机构或者其他金融机构，根据协议接受银行授权，在农村或偏远地区代表银行办理相关业务的主体，包括邮局、便利店、加油站、彩票店等在内覆盖面较广的主体，作为银行的代理机构为当地居民提供金融服务，从而以极低的终端成本解决金融服务覆盖的问题。截至2010年，巴西的代理银行数量达到了16万家，办理了超过31亿笔交易，交易金额超过了28.5亿美元，有效地改善了金融服务的公平获取情况。代理银行模式在巴西的迅猛发展和成功实践来源于巴西相关法律制度的支持，其中既有直接适用于代理银行的法律制度降低了代理银行的进入门槛，也有对传统银行分支机构的严格监管激励银行选择设置代理银行。通过法律对利益的调节，引导银行在金融机构覆盖不足的地区设置代理机构承办相关业务，优化了农村地区和偏远地区的金融机构结构，增加了金融产品和服务供给，保障了当地居民公平地获取金融服务的权利。

1999年，巴西国家货币理事会《第2640号决议》正式准许银行性金融机构与代理机构签订协议，授权后者作为代理银行提供各种金融服务，包括开立存款账户、办理支付结算等原本只能由银行分支机构办理的业务。起初这种许可只限于在没有银行分支机构的地区，但不久之后，《第2707号决议》取消了这种限制。对代理银行的许可消除了市场准入的法律障碍，使代理银行真正成为正规银行及其分支机构的补充，扩展了金融服务提供主体的范围和数量。之后为了规范代理银行的运营，巴西陆续出台了《第2978号通知》（Circular），对银行委托代理机构的程序进行指引，并明确了巴西中央银行的监管职责。鉴于代理银行的积极效果显著，巴西当局决定扩展代理机构的范围。于是政府在2003年通过了《第3110号决议》，允许投资银行、金融公司和储贷协会（Saving and Loan Associations）设置代理机构，紧接着《第3156号决议》将能够委托代理机构的金融机构范围进一步放宽为所有金融机构。巴西法律法规的放宽，扫除了设置代理银行乃至代理金融机构的法律障碍，金融机构纷纷在地理位置偏远且缺少金融机构分支的地区设置代理机构，使以较低的成本为当地居民提供金融服务成为了可能。

为了促进金融包容，巴西除了采用降低门槛的方式激励金融机构在农村地区和偏远地区设置代理机构，同时也采用强制的方法规定了金融机构的强制性义务。其中，直接贷款即是巴西以强制性义务的方式确保金融服务公平获取的重要经验。由于特定行业或类型的贷款周期长、利率低，使许多银行不愿意向农业、住房等领域发放贷款，而这些领域正是关系民生、属于居民生活所必需的金融服务。为了确保金融公平，巴西当局对银行赋予了强制性义务，要求巴西银行和巴西联邦储备银行作为主导力量，在农业农村贷款和住房贷款上增加比例。私营部门的银行也被强制要求承担直接贷款义务，向农村地区发放贷款余额不得低于无息活期存款余额的25％，存款余额的65％以上应当指定用于房屋贷款。这种强制性的信贷义务，是通过政府的强制力量调节信贷的流向及其数量，是政府直接干预商业银行的信贷行为。尽管可能会给商业银行带来较大的负担，并且在某种意义上并不符合经济原则，但是直接贷款确实在一定程度上实现了金融资源的公平配置，因而并不妨碍直接贷款是法律调节以实现金融包容的一种有益经验。

六、有关南方共同市场的贸易合作

南方共同市场（MERCOSUR）是南美地区最大的经济一体化组织，由巴西、阿根廷、乌拉圭和巴拉圭4个成员国以及智利和玻利维亚两个联系国组成。

巴西政府与其他成员国在加强南方共同市场的治理和运作合作过程中，在78个确定的贸易壁垒中已经消除了67个。2017年上半年，巴西倡议的投资促进协议（PCFI）完成。2017年下半年，巴西政府通过了南方共同市场的公共采购议定书。南方共同市场的制度结构趋于合理化，相关的技术法律法规《南方共同市场》制定和修订的框架趋于现代化，并批准了南方共同市场贸易委员会的新议事规则，以此来有效处理关税和非关税贸易问题。2017年6月17日，南方共同市场的结构趋同基金（Focem）和金融基金（Fonplata）之间签署了一份框架协议，通过两种机制的协调，有效地为南方共同市场成员国的发展提供资金。同时，巴西和其他成员国旨在进一步促进南方共同市场和太平洋联盟之间的合作。2018年7月，在墨西哥举行了第一次南方共同市场和太平洋联盟主席会议。同时，南方共同市场与哥伦比亚签署了一项服务贸易协定。2018 年 4 月，巴西签署了公共采购协议，并对智利的金融机构进行了投资。巴西还启动了两国之间自由贸易协定的谈判，以期在 2018 年底前完成谈判。

第七章

巴西金融改革

第一节　金融改革历程

一、"巴西奇迹"时期

1500 年，葡萄牙航海家佩德罗·卡布拉尔率探险队来到巴西，给这里起名叫"圣十字地"。后来，人们在海岸附近的热带森林中发现一种可以提炼贵重红色染料的树木，于是他们就把这里叫做"巴西"。1822 年 9 月 7 日，巴西宣布完全脱离葡萄牙而独立，成立了巴西帝国。巴西素有"咖啡王国"之称，咖啡产量和出口量均占世界第一位，甘蔗、可可、大豆、柑橘的产量也都名列前茅。

巴西从 1822 年 9 月 7 日独立到 20 世纪 30 年代，一直是以种植咖啡和橡胶为主的单一农业经济国家。1968 - 1973 年巴西经济创造了前所未有的高增长，被誉为"巴西奇迹"。"巴西奇迹"不是偶然产生的，纵然这个奇迹的产生离不开国际经济形势的支持，但它只有通过国内相应经济政策的配合才能发生。为了保持克鲁塞罗的进口购买力，使国内商品价格与国际商品价格保持相对平衡，降低进口热，政府在 1968 年 8 月对本国货币克鲁塞罗实行小幅贬值政策，以此来刺激出口。这也减少了巴西国际外汇储备损失，降低资金风险，同时也达到了吸引外资的目的。

在外资政策改革方面，1962 年古拉特政府颁布《第 4131 号法》即《外资法》，限制外资企业对所获利润进行再投资的利润汇出权，这一政策对外商来巴西投资产生了不利影响。1964 年巴西政府颁布《第 4390 号法》，对上述法令进行修改，规定无论是投资利润或再投资利润均可按法令规定的汇率汇往国外。当外资企业扩大再生产资金不足时，可以向联邦政府申请贷款，其条件与民族企业等同。这一外资政策大大提高了外商投资的积极性，外资持续流入巴西。1967 年以前，每年进入巴西的外资额极不稳定，最多的是 1966 年外资流入 2.05 亿美元；但是 1967 年开始，外资流入逐年增加。1967－1971 年外国投资年平均流入额为 13.5 亿美元，1972 年达 48.44 亿美元，1973 年为 57.15 亿美元。大量外资流入给巴西经济发展提供了良好的资金支持，对巴西生产力的提高起到了促进作用，也减少了巴西对进口的依赖，有利于经济发展。

在借贷政策改革方面，古拉特政府颁布的《第 4131 号法》对巴西各州、市政府和私人企业从国际金融市场获得贷款作了限制性规定。1967 年政府决定放宽国内企业和州、市政府通过在巴西的外国金融机构直接获得贷款的条件，以满足企业对外国贷款的需求，进一步扩大了资金来源。同时，巴西政府还进一步关注了贷款来源多样化。1967 年前，巴西的贷款和资助主要来源于国际货币基金组织和世界银行这两个国际金融合作机构。1967 年后，由于美国大量发行美元，美元大批流入欧洲金融市场，形成欧洲美元过剩的局面。巴西政府把握住这一国际金融形势带来的契机，在大量向国际货币基金组织借贷的同时也向欧洲私人银行借贷，扩大了贷款渠道。但是这种信贷政策还有一个负面影响，那就是使巴西外债急剧增加。1967－1973 年，巴西外债由 33.72 亿美元上升为 125.72 亿美元（净外债由 18.55 亿美元上升为 61.92 亿美元）。虽然外债负担过大成为巴西经济上的沉重枷锁，但是不可否认这些贷款和资助对于巴西基础工业和整个国家经济实力的增强，对于经济奇迹的产生以及经济的发展起到了不可估量的作用。

金融体制改革方面，金融体制改革是巴西政府经济改革的重要内容。金融体制方面的改革结束了以前金融市场混乱的局面，促进了巴西金融秩序的有序发展，让资金和信贷流通更加合理，也为经济的发展起到了助推器的作用。在金融体制改革中，政府主要采取了下述几项措施。

第一，建立巴西中央银行，取代货币信贷管理局。1964 年巴西颁布《第 4595 号法》，建立巴西中央银行，负责执行和监督国家金融委员会制定的金融政策。

第二，实行货币改革。1966 年巴西政府颁布法令取消旧克鲁塞罗，发行新克鲁塞罗（与旧克鲁塞罗的比值为 1：1,000）。

第三，发行可调整国库券。1964 年巴西颁布《第 4357 号法》，发行分 1 年期、2 年期、5 年期和 8 年期四种可调整的国库券，年息为 6% ~ 8%。发行可调整国库券的目的在于筹集资金，弥补政府预算赤字，满足联邦政府的投资需要。国库券可按政府颁布的《货币纠正法》进行修正用来保证国库券的价值。

第四，严格控制商品价格。1964 年建立了全国供应管理局来替代原有的联邦供应和物价委员会，目的是为了降低通货膨胀率，抑制物价上涨幅度，该管理局负责控制农产品价格。1966 年建立国家稳定物价委员会，1968 年又建立部际价格委员会，将价格控制范围扩大到工业产品。

税收政策改革，为了增加税收，完善税收体制，巴西政府 1966 年颁布《国家税收法》，将 70% 的税收集中在联邦，同时适当地向州转移 20%，向市转移 5%。用工业品税替代消费税，用商品流通税替代销售税，在工业品税中取消累进制，改用按购销差纳税的办法。

"巴西奇迹"如果没有国内经济政策的改革是不可能出现的，巴西政府在"巴西奇迹"产生前和"巴西奇迹"过程中所进行的经济改革内容远远不止这些，还包括各项经济政策之间相互关联、相互补充、相互制约，然而这种奇迹并没有持续多久。进入 20 世纪 80 年代，由于国际环境的巨变及国内政策的接连失误，巴西经济便陷入长期停滞之中；进而在 20 世纪 90 年代初期陷入严重衰退，货币体系崩溃，巴西不得不发行新的货币。

二、巴西经济的长期停滞和严重衰退阶段

到 20 世纪 80 年代初，巴西经济已经跃身世界经济八强之一，但不可持续的发展模式也走到了尽头，靠大规模投资来拉动需求增长，势必会造成通货膨胀率上升和外债负担加重。巴西高外债、高通货膨胀率、高贫困率并存的局面使其较高的经济增长率时代终结，导致其后的十余年里危机接踵而来。政府被迫发行大量货币和国债，又进一步导致通货膨胀急剧上

升，生产下降，人民生活水平近乎停滞。放弃进口替代战略后，在 20 世纪 80 年代，政府的一系列反通货膨胀措施均告失败，1989 年通货膨胀率创历史纪录，高达 1,863.6%；同时外债也在剧增，1982 - 1989 年，巴西债务危机爆发，其外债累计从 696.5 亿美元上升到 1,120 亿美元，增加了 1.6 倍。此时，巴西跃身发达国家行列的理想显得越来越虚无缥缈，居高不下的通货膨胀率和外债危机令整个 20 世纪 80 年代沦为"迷失的十年"。在 1968 - 1973 年的"巴西奇迹"阶段，巴西经济年均增长率高达 11.2%，整个 20 世纪 70 年代年平均增长率也高达 8.5%。进入 20 世纪 80 年代后，由于国际环境的剧变及国内政策的连续失误，巴西经济陷入滞胀中，整个 20 世纪 80 年代的年平均增长率只有 3% 左右。其中，1981 年、1983 年和 1988 年出现负增长，1980 - 1984 年年均增长率只有 1.7%；虽然 1984 年后经济开始好转，但是经过 1985 年和 1986 年连续两年 7% 以上的高增长后，1987 年又开始下降，甚至在 1988 年重新出现负增长。在整个 20 世纪 80 年代，巴西通货膨胀率大幅度攀升，每年 CPI 涨幅都在 100% 以上，在 1989 年甚至达到了 1,431%。在 1973 年石油危机，以及 1979 年第二次石油危机和国际信贷利率大幅提高之后，属于石油进口国的巴西陷入了沉重的债务危机之中，巴西甚至宣布拒绝偿还外债。20 世纪 80 年代以来，巴西对外债务已由 1979 年的 494 亿美元增长至 1988 年底的 1,044 亿美元，增长 1.1 倍。严重的债务危机和通货膨胀交替出现，形成恶性循环，经济危机的阴影笼罩着巴西经济。与此同时，一些社会问题越趋严重，最突出的是贫富两极分化。在 20 世纪 90 年代初期，巴西经济进一步恶化，通货膨胀率继续攀升至 2,000% 以上，甚至接近 3,000%。1994 年至今，是巴西经济重整时代。这个时期巴西投资率保持在 60% 左右，增长比较平缓。经济虽然增长缓慢，但波动不大，平均保持在 1.5% 的增长水平。

巴西的经济发展长期面临着一个严峻的问题——通货膨胀。巴西的通货膨胀率在 1981 - 2000 年大幅度波动，进入 21 世纪后，巴西的通货膨胀率一直保持在 5% 左右。巴西的通货膨胀问题，给历届政府带来了巨大的挑战。20 世纪 70 年代巴西经济能够保持高速增长，主要是通过政府加大财政支出来保证经济增长的动力。导致政府支出规模居高不下的原因有很多，尤其是石油危机、产业结构的垄断、1979－1983 年的外汇贬值、货币创造、惯性的工资指数等原因，当然这些并不是导致通货膨胀的必然原因。政府的债务加上利率的变动，共同导致了通货膨胀。其实这个作用机理是相对清晰的：较高的政府支出导致通货膨胀率上升，利率上扬，两者的相互作用使政府发行新的货币来应对危机，这又加剧了政府的债务危机，使利率和通货膨胀率上升得更高，而政府的财政收入仅够偿还债务，缺乏进一步投资的资金。同时，由于受预算赤字的影响，私人储蓄不足，影响了社会消费能力的提升和私人投资的增长使经济增长的动力不足，进一步影响了经济增长。自 20 世纪 70 年代以来，巴西经济呈现出低增长高膨胀的态势。1980－1994 年 15 年的时间里，年平均通货膨胀率高达 725％。其中，有 14 年通货膨胀率高于 100％，有 6 年发行了新的货币，而这个时期的 GDP 的平均增长率只有 2.4％，财政部部长和中央银行行长更是更换了 14 名。经济的不景气，加上频繁的政策变动，给巴西经济增长带来了严重的压力，也使巴西经济发展面临着严重的挑战。

在 20 世纪 90 年代初期，巴西经济面临以下难题。

第一，经济面临负增长。1990 年巴西经济负增长 4.4％，创下战后最大的负增长；1991 年恢复增长 1.0％ 后，1992 年再次陷入负增长。

第二，外债压力令人担忧。1990 年巴西政府内债达 1,000 多亿美元，外债达 1,210 亿美元。在内外债务双重压力下，巴西政府无力偿还贷款，从 1989 年 7 月到 1991 年 4 月，仅拖欠外国债权银行的利息就达 120 多亿美元。沉重的债务负担不仅使国家信誉受到严重影响，而且也成为经济发展不可忽视的巨大障碍。

第三，财政赤字惊人。巴西中央政府每年财政收入的 60％ 是发行公债，但一年下来财政赤字还是高达国内生产总值的 8％ ～12％。

第四，通货膨胀率居高不下。在 20 世纪 80 年代，巴西的通货膨胀问题已经十分严重，整整 10 年持续保持在三位数以上，并且在 1989 年突破四位数。尽管巴西的经济改革目标之一就是遏制恶性通货膨胀，但是通货膨胀率却始终居高不下，1994 年更是达到了创纪录的 2,948％。

第五，贫富两极分化惊人。巴西 10％ 的富人阶层占有 60％ 的社会财富，加上个人所得税实际处在逆累进状态，社会两极分化不断在加剧。

第六，地下经济猖獗。据估计，巴西偷税漏税等地下经济占国内生产总值的比重高达40%，被称为世界上的"逃税天堂"。

在巴西债台高筑的同时，资金非法外逃也加剧了国内外汇的短缺。从20世纪90年代开始，巴西为了摆脱危机，在国际货币基金组织等援助方的建议下接受了新自由主义经济思想，开始实行全面的经济自由化，进行彻底的经济改革。改革给巴西经济带来了曙光，也给巴西未来的发展带来了希望。虽然20世纪90年代的年均增长率仍低于20世纪80年代，年均增长率也仅有1.7%，但是巴西国内生产总值除了1990年和1992年出现负增长以外，其他年份均有一定程度的提高，各项宏观经济指标也有一定的增长，人均GDP一直在2,000～5,000美元区间浮动。恶性通货膨胀率在1995年之后逐渐得到控制（1995年通货膨胀率控制在两位数），1997年进一步降至一位数。此后除了在2003年攀升至14.8%以外，其余年份都在3%～7%。巴西经济改革措施主要包括工业和农业计划、国有企业私有化、对外开放战略调整、汇率政策调整、公共预算改革等方面。

在汇率方面，巴西实行的是高利率和钉住汇率相结合的货币政策。由于受债务危机和经常项目持续逆差的影响，截至1998年6月，巴西外债余额达到2,281亿美元。其中，私人外债占62%，经常项目赤字也达到了325亿美元。为了遏制通货膨胀，巴西于1994年出台了核心机制，为雷亚尔对美元的钉住汇率制度的"雷亚尔计划"，这项措施对抑制通货膨胀的作用非常明显，1998年巴西的通货膨胀率降至3.2%的历史最低点。但它却使本币币值一度高估，最终于1997年10月引发了一场货币危机。自1994年"雷亚尔计划"实行以来，巴西先后发生了多次金融动荡，时间分别在1995年墨西哥金融危机后、1997年下半年亚洲金融危机后、1998年下半年俄罗斯金融危机后、1999年初米纳斯吉拉斯州州长伊塔马尔·佛朗哥宣布推迟偿还拖欠联邦政府债务后以及2001年总统大选前的6月。近几年，巴西的金融形势也非常不稳定，每次动荡的基本表征是股市下泻，货币贬值，外资抽逃以及国际储备下降和利率大幅上升等。虽然每一次都涉险过关了，但它给巴西经济和社会的发展带来相当大的冲击与危害，也在一定程度上给拉丁美洲乃至世界经济带来负面影响。导致巴西爆发金融动荡的原因是多方面的，有政治的、宏观经济的、社会的和外部环境等因素，巴西的金融体系如此脆弱、又如此敏感，使我们不得不反思其体系自身及其金融体制上存在的问题，具体问题有如下几个方面。

第一，货币、汇率政策有很大的弊端。主要表现为：（1）币值高估。一方面大量外资的流入助长了雷亚尔的升值。另一方面"雷亚尔计划"的核心机制是雷亚尔对美元的钉住。先是固定汇率，后是"爬行钉住"的有管理的固定汇率，在这种汇率机制下，本币币值不断高估是必然现象。一般估计，雷亚尔币值高估30%～40%。（2）高利率和高存款准备金。长期以来，巴西为了吸引外资，银行利率已经超过20%，而且每次发生金融动荡的政府都通过大幅增加利率来遏制外资流出，这更加导致利率长期高居不下。较高的利率增加了政府债务负担，虽然在投机套利活动中有助于吸引短期资本，但也增加了企业融资的难度，不利于生产的发展。巴西是拉丁美洲存款准备金要求最高的国家，需要83%的活期存款准备金和0～40%的定期存款准备金，远高于拉丁美洲其他国家低于30%的存款准备金水平。对外资银行的准备金要求甚至更高，通常是国内银行的两倍。高存款准备金率降低了银行资本的流动性，增加了银行存放贷款的经营成本，不利于银行业的发展。在金融危机的情况下，也很容易出现资本抽逃的情况。

第二，债务管理不合理。首先，巴西的经济发展始终伴随着沉重的债务负担。因为在进口替代工业化的发展战略下，举借外债是弥补资金不足的主要措施。近几年来，政府为应对金融风险，只能借新债还旧债。截至2002年5月底，巴西政府债务已达到2,450亿美元，占国内生产总值的55%，其中仅外债利息就相当于GDP的9%。随着金融管制的逐步自由化，银行大幅增加了风险性投资，企业也大举向外借债。据统计，巴西50家最大企业1999年所欠外债高达431亿美元，如此沉重的债务是孕育金融风险的温床。其次，债务结构不合理。亚洲金融危机后，巴西在国际上发行债券的期限逐渐变短。1998年上半年之前，巴西债务平均偿还期为35年；1998年之后，平均偿还期为8年。巴西短期债务迅速增加，短期债务在国内债务中达到 40% 以上。内、外债比例也不合理，内债规模相对较小，外债比例明显偏高。虽然这跟国内资金有限有关，但与国内高利率政策也不无关系。最后，联邦政府与州政府债务关系复杂。据报道，1998年，在巴西全国 27 个州中的 24 个州总计欠联邦政府近 1,000 亿美元的债务。如果这些债务的偿还出现问题，势必影响联邦政府的年度财政预算收支计划，进而影响联邦政府的偿债能力及其相应的资信水平，引发国际金融界和投资者的恐慌。

第三，金融体系不完善。巴西的金融体系是 20 世纪 60 年代中期按照美国的标准建立的，处于顶端的是国家货币理事会。国家货币理事会以财政部部长为首，通过对中央银行和巴西银行的监督来掌握国家的金融政策。1998 年前，银行业与证券业分业经营；之后引进混业经营模式，统一会计标准，创建全能型银行。但巴西的银行金融体系存在以下问题：（1）国有商业银行、州银行和国有开发银行占重要地位，私人银行则处于从属地位。（2）中央银行的独立性较差，自主决策的能力很低。（3）包括证券、保险、养老基金、社会保障、租赁和风险资本等环节相对薄弱。

第四，金融自由化的改革措施没有适当力度的金融谨慎监督相配套。金融监管太过于自由化和太严厉都增加了金融体系的脆弱性。例如 1995 年11 月巴西中央银行发布了《第 2212 号决议》，废除了外资银行资本充足率两倍于巴西本国银行的规定，并且可以拥有国内银行 100% 的股权，这项政策又过于开放了。外国金融资本经常存在着挤兑、抽逃资金、不积极认购中央银行公开证券、从事短期套利和其他投机行为，这会增加资本流动的不确定性，威胁本币雷亚尔，加大金融监管难度。同时对于像巴西这样金融实力不算强大的发展中国家，此举还会增加对外国资本的依赖。又如政府存款保险的做法则是管得过于严格，因为它使政府或中央银行成为银行危机所有损失的最终承担者。一般来说，实行存款保险会使存款者忽视银行的可靠性而将资金存放于具有一定风险的银行，而银行也会因此作出风险性较高的放款，从而导致市场失灵，引起所谓的"道德风险"。

基于上述金融体系和金融体制的问题，以及历次金融动荡对巴西经济和社会发展所带来的冲击和危害，巴西政府吸取了经验和教训，进行了一系列的金融改革，过程或快或慢，动作或大或小，具体如下。

第一，1994 年 8 月，依据《巴塞尔协议》，巴西中央银行建立了新的最低银行资本标准制度，重新规定了银行资产风险程度。很显然，这个举措对于提高银行进行投资时的谨慎性，提高银行抵抗风险的能力，促进银行系统的稳定性有着巨大作用。

第二，1995 年 11 月，政府制订了"鼓励和加强金融体制结构改革计划"，对州一级银行以及一些经营不善的银行和金融机构，采取私有化和并购等果断措施。其中包括巴西最大的银行——巴西银行，第二大银行——圣保罗州立银行及另外一家较大的银行——里约热内卢州立银行。而且政府允许外资收购巴西银行或扩大参与股份，1998 年巴西最大的 20 家银行的外资参与占 34.7%。同时还实行鼓励银行重组和并购的计划，该计划规定，凡 1996 年 12 月 31 日前实施合并的银行可享受税收减免，并对遭受巨大损失的银行给予一定的信贷支持，发放储备基金及放松开业限制等。这一举措有利于增强银行的市场竞争能力、改善银行的经营管理，避免因大量不良资产的存在而导致银行系统的崩溃。

第三，1997 年 5 月，国家货币理事会建立中央信贷风险系统，所有银行必须把贷款数额高于 50,000 雷亚尔的客户以书面形式上报中央银行。

第四，1998 年 5 月，中央银行《第 2493 号决议》建立了金融借贷证券化公司，它可以通过购买金融机构的信贷资金，然后将其证券化，变为可转让证券。该公司还集中管理银行的部分呆账、坏账，以期减少成本，盘活银行资产，促进和扩大银行的信贷供应。1998 年 12 月，中央银行发布《第 2554 号决议》，规定巴西所有银行都要向中央银行递交按照巴塞尔委员会标准制定的实现内部控制体系的方案，同时也规范了银行从业人员包括经理人员的行为准则。

第五，1999 年 1 月，巴西中央银行宣布实行雷亚尔兑换美元汇率的自由浮动，中央银行将在汇率波动过大时进行有限度的干预，对汇率不正常的走势进行必要的监控。此举有利于阻止外汇储备的减少，恢复投资者的信心，缓解贸易逆差的恶化，其实质上是关闭了美元流出巴西的"闸门"，有助于巴西金融市场逐步恢复稳定，同时也为银行降低利率创造了条件。

以上措施的实行有利于加强巴西银行体系抵抗金融风险的能力，有利于金融市场规范化、有序化，加强了对金融市场的监管，从而为化解金融风险作出了贡献。特别是国有银行的私有化与重组并购以及引进外国金融资本的措施，有力地提升了银行的市场竞争能力，对银行审计制度和内部控制进行了更加严格的要求，使巴西私有银行的效益比其他发展中国家好得多。1994 年 6 月至 1998 年 12 月，虽然巴西银行数量从 273 家减少到 233 家，但是总资产和净权益却分别增加了 71% 和 61%。据有关资料表明，1998 年底，巴西主要银行的净资产收益率为 16.6%，略低于美国的 17.5% 和中国香港的 17.4%，高于阿根廷、墨西哥、印度尼西亚、泰国和韩国。其实巴西所有的这些金融改革都是应急式的，是在每次金融动荡爆发后的渐进式改革。因此可以说，巴西的金融改革是在多次金融动荡的压力下进行的，因而改革也就必然有其不够充分、不够完善的地方。主要体现在：国内仍然存在一个庞大的公共银行部门；中央银行仍然不独立于财政部；银行立法仍然欠缺，缺乏对资本构成比率、套期保值机制、会计准则以及财务报告准则等更为严格的规定；银行利率仍然偏高，且远高于国际市场利率，内部和外部利差过大；证券市场机构林立，大小交易所十几家，股价扭曲，效率低下，对短期资本和投机资本监管无效，退市机制不完善等。因此，美洲开发银行将巴西列为第三类国家，虽然进行了一些改革，但巴西的金融改革仍有很长的路要走。

巴西的改革是在经济面临很大困难的条件下进行的，它没有长期的理论和政策准备过程，改革方法几乎与国际货币基金组织和其他机构一样，即全面放开经济、向自由市场经济转型、推动国有企业私有化和减少政府开支等，这些措施虽然可以在短期内提高宏观经济表现、满足国际货币基金组织的"贷款条件"，但不能根本解决巴西经济发展的严重问题，如不合理的产业结构，基础设施和社会保障制度不完善。同时由于缺乏必要的监管措施，又引发了很多经济和社会问题。例如，改革中国有资产损失的问题相当严重，存在很多腐败现象，例如"人情贸易"和"内幕交易"：政府在年利润 1.4 亿美元的 Tupperang 钢铁厂投资了 30 亿美元，拍卖定价只有 2.7 亿美元；总投资 70 亿美元的米纳斯钢铁厂，1990 年盈利 2.3 亿美元，拍卖价也只有 1.5 亿美元。此外，工人的失业问题也相当突出。这些问题最终影响了改革的过程和效果，这也说明改革如果缺乏充分的准备，照搬照抄，只能是事倍功半。

长期以来，人们将经济增长的困境，如债务危机和货币危机，都归结为政府干预对经济的不利影响。例如政府管得过于宽泛、开支过高、政府直接经营企业、投资不足、政府借债规模太大等。因此，巴西经济改革的一个突出特点是政府不断减少经济干预，完全发展自由经济，通过短期改革使经济完全回归到自由竞争。这种改革确实解决了政府干预不当的一些问题，但它也带来了更多的市场调节不到的社会问题，如收入分配的严重不平等。致使经济改革虽然确保巴西经济稳定增长，但也使社会和经济问题更加突出，最终大大降低了改革的有效性。市场自发调节和政府宏观调控相配合是经济改革成功的关键，这是巴西和整个拉丁美洲经济改革的重要经验和教训。

第二节　"雷亚尔计划"和金融体系重建

一、"雷亚尔计划"出台背景

自 20 世纪 80 年代末期以来，拉丁美洲地区是各国金融改革的先锋。该地区国家为了取消利率管制和定向信贷项目，降低准备金要求以及对国有商业银行和开发银行进行私有化和清理采取了一系列自由化措施，同时政府还赋予中央银行更大的事实上的独立性，也提高了对银行和资本市场的谨慎性安全要求。在这个过程中，巴西的金融体制改革逐渐适应了宏观经济大环境和监管框架的变化，特别是在实施"雷亚尔计划"开始，巴西经历了一场深刻的金融体制重建历程。

巴西佛朗哥政府实施的"雷亚尔计划"是自 1985 年萨尔内文人政府执政以来实施的第 8 个以反通货膨胀为主要目标的稳定经济计划，这项计划是在总结前 7 个稳定经济计划失败的经验教训的基础上制订的，因此，它是一项有计划的、充分准备的、较为完善的和阶段性抵御通货膨胀的计划，虽然仍然无法断定"雷亚尔计划"的持续期，但就如今来看，它绝对可以称为一项卓有功效的稳定经济和反通货膨胀计划。而在之前实施的 7 项计划初期均取得了显著的成效（尤其是克鲁扎多计划），但是其效力最多持续半年就宣告失败。

1992 年 10 月，巴西总统科洛尔因受贿案被国会弹劾后，副总统佛朗哥依法接任总统。在佛朗哥执政后，面临着许多社会和经济难题：月通货膨胀率达 20%，工业生产持续下降，全国失业人口多达 850 万人，生活在贫困线以下的有 3,200 万人，经济面临全面下滑。为了抑制通货膨胀和遏制经济衰退，佛朗哥总统在 1993 年 4 月 21 日提出制订第一个经济社会发展计划。新的经济社会发展计划以反通货膨胀、重振经济为主要目标，将解决巴西的社会贫困问题作为主要重点。该计划的主要内容有：调整联邦税收政策，增加税收，严厉打击和制裁金融投机和偷税漏税活动，严格控制优先投资项目和联邦政府的各项开支，减少联邦政府对经济的干预，继续实施国有企业私有化，筹集的资金用于回收联邦短期公共债务，弥补科技、社会、治安、环境治理的资金不足，优先发展能扩大就业机会的项目，例如农业、民用建筑、公路修建等，提高较低家庭收入。为扶贫救济计划筹措 200 亿美元，为实施"康居工程"筹措 15 亿美元，解决贫困居民家庭的住房困难，降低联邦政府对国有企业的投资和补贴，强调国有企业自筹资金发展。

财政部部长费尔南多·恩里克·卡多佐在 1993 年 5 月上任后，于 6 月 14 日将经济社会发展计划进一步完善，并且制订出"近期行动计划"。该计划主要是更深一步强调消除联邦赤字，提高税收，集中资金首先发展紧急社会计划。该计划的主要内容包括：削减联邦预算开支 60 亿美元，调整联邦预算开支，将联邦公务员开支控制在联邦收入的 60% 以内，制定新的赤字为零的 1994 年财政预算（原预算赤字为 220 亿美元）。调节和加强税收，严格治理打击偷税漏税行为，地方政府（州、市）所欠联邦政府的 400 亿美元债务要求强制偿还。拒不偿还债务的州、市，联邦政府将不再依照宪法规定拨款，也不再为地方政府借债提供担保。更深一步加速私有化脚步，将私有化范围扩展。

通过上述两项经济社会发展计划，恢复经济的目标基本达到。1993 年巴西国内生产总值在上年下降 1% 的基础上增长 5%，人均产值增长 3%，其中占国内生产总值 41% 的工业（制造业）增长 10.1%，国民收入实际增长 10%，给 85 万人创造了就业机会。就业率上升 1.1%。公共财政结算由上年的 2% 赤字变为 0.3% 的盈余，联邦税收比上年增长 25.8%。外贸顺差 82 亿美元。虽然经济各项指数基本上进入良性循环，但通货膨胀率仍然高达 2,567%，成为巴西经济进一步恢复和发展的主要障碍。按 CPI 计算的年通货膨胀率显示了真实巴西 GDP 的运行情况，可以清楚地看出 1990－1992 年间停滞的状态，然后 1994 年后又重新出现增长的态势（见图 7.1）。

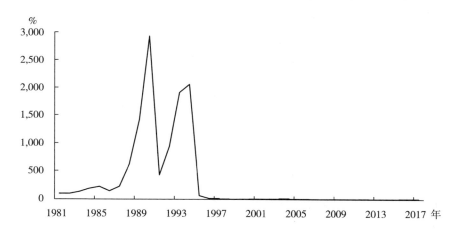

数据来源：世界银行，IMF。

图 7.1　1981－2017 年巴西通货膨胀率

二、"雷亚尔计划"的主要内容

为振兴 1994 年经济、抑制通货膨胀，联邦政府于 1993 年 12 月制订了新的稳定经济计划，即"雷亚尔计划"。该计划的主要目的是恢复经济发展和抑制通货膨胀。为稳妥起见，政府将"雷亚尔计划"分为 3 个阶段实施，即平衡财政收支阶段、实施"实际价值单位"（URV）阶段和更换货币阶段。

第一阶段始于 1993 年底，政府采用激进的财政政策，以平衡联邦财政收支，进而消除赤字。这一阶段的基础是源于之前对财政收支余额的调查，以防止可能出现的政府债务恶化。财政赤字是巴西通货膨胀率高居不下的根本原因，一个简单的经济学原理便可以解释：由于巴西弥补其巨额财政赤字的主要办法是增发货币和发行政府短期债券，前者货币的超发必然导致国内物价上涨，而后者短期债券的发行又受制于巴西政府的信誉度不高，公众缺乏购买政府债券的热情，因此巴西政府不得不提高利率来吸引公众购买。但高利率也加重了政府的债务负担，最终导致政府的巨额赤字。所以"雷亚尔计划"能否成功实施，并有效抑制高通货膨胀，前提是解决好政府财政赤字问题。

第二阶段实施"实际价值单位"（URV），以此来稳定币值。巴西国内长期的高通货膨胀率使旧货币已经失去了真实的购买力，甚至失去了货币最具代表性的价值标准功能，即记账功能。迫于严峻的经济形势，巴西政府急需寻求一种比较稳定的货币指数作为缓冲工具。1994 年初，卡多佐会同一批巴西经济学家对巴西高通货膨胀进行了仔细研究，随后推出了一种新的货币指数——URV。该货币指数是巴西中央银行根据国内实际通货膨胀率来确定的国内统一货币指数，巴西政府规定国内主要的经济参数和商品价值要按"实际价值单位"来计算，例如公共服务、经济合同、工资、退休金、最低工资标准等。一般的商品参照"实际价值单位"与旧货币的比价确定。URV 在当时起到了稳定市场情绪的作用，并且它是一种与美元捆绑的货币指数。下面用比较通俗的说法来描述下 URV 的效用原理。政府并不是在制造一种假币，而是创造出一种新的、非官方承认的货币，类似概念性货币。URV 是由里约天主教大学的四个经济学家创造出的一种稳定的货币。但是 URV 并非是现实中纸质钞票，仅仅是一种被人为主观创造出来的、概念上的虚拟存在。高通货膨胀时期，民众苦于物价短期的剧烈波动，巴西政府用 URV 来标记商品价格，即使短期内某件物品的美元标价大幅升高，巴西民众仍然可以用不变的 URV 价格来支付。用 URV 标记市场上商品价格的办法确实稳定了市场情绪，民众开始不再过分注重价格和物价，进而更加在乎自己的财物值多少 URV。同时，巴西政府严格控制 URV 与旧货币克鲁塞罗的汇率，使民众手中的财物或者现金短期内没有大幅贬值的风险，因此 URV 的推出取得了很好的效果。之后半年多的时间，公众仍然用 URV 来计算自己所拥有的财富。渐渐地这种虚拟的 URV 逐渐取代了旧货币在公众生活中的地位，当时机成熟时，政府便实施了第三阶段措施。

第三阶段发行新货币雷亚尔。经过前两个阶段的准备工作，政府赤字得到了有效控制，另外 URV 也很好地起到了货币记账的功能，民众逐渐忽略了旧货币的职能。在此基础上，巴西政府宣布 1994 年 7 月 1 日到 15 日为新旧货币兑换时间，按照 1994 年 6 月 30 日 URV 与旧币克鲁塞罗的比值进行兑换（当时兑换比例为 1URV 等于 2,750 旧币克鲁塞罗）。新货币雷亚尔的出现迅速压低了通货膨胀率，巴西通货膨胀率由 6 月的近 50% 快速降到 7 月的 6%，最低时通货膨胀率降至 1% ~ 2%。旧货币克鲁塞罗在雷亚尔正式取代其地位时仍是流通中唯一的支付货币，而新货币雷亚尔的前身 URV 在过渡时期执行的是记账功能。旧货币在退出流通前扮演支付功能是很容易理解的，即货币是一个交换的媒介，用于平常生活用品、服务、有价证券等的购买。而当货币扮演记账功能时，货币就可以简单地被定义为"货币的符号和金钱债务的代表"，这是可以被"指数化"的，并且这个"指数化"是与货币购买力相联系的，呈现正相关关系。此外，政府仅是人为地将货币本身具备的两个职能属性分割开来，而不是允许两种货币在市场上流通。1993 年底至 1994 年 7 月，巴西政府采取了短暂的双面货币系统，即 URV 执行记账功能，而新货币雷亚尔慢慢地取代旧币克鲁塞罗执行支付功能，并最终于 1994 年 8 月完全占据市场。基于此，许多经济学家将 URV 比作雷亚尔的"胚胎"，当它开始流通时就变成了一种真实的流通货币。URV 与雷亚尔间的兑换率是巴西中央银行依据克鲁塞罗贬值的程度而设置的一个特别的价格指数，在某种程度上，把政府及社会债务用 URV 表示的是现行流通价值的债务。在这个过渡阶段，立法者用克鲁塞罗强制标记商品零售价格，甚至不去禁止用 URV 的标记。通过这些做法，政府希望能够开始应对通货膨胀的偏离。1994 年 7 月，当旧币克鲁塞罗兑 URV 比价达到 CR＄2,750.00/URV 时，URV 退出，而雷亚尔正式开始流通。前期民众一直关心的 URV 被雷亚尔取代，雷亚尔的购买力实际是旧币克鲁塞罗的 2,000 多倍，巴西的高通货膨胀就这样瞬间蒸发掉了。

三、"雷亚尔计划"的特点和成效

"雷亚尔计划"与巴西 20 世纪 80 年代实施的多项反通货膨胀计划相比而言，具有以下不同的特点。

第一，在反通货膨胀的方式上，新计划是在巴西 20 世纪 60 年代以来反通货膨胀曾经采用的冻结物价、工资的全面总结，反通货膨胀吸取了冻结工资率的"休克疗法"的教训，它并没有采取传统的治理方式，而是采用了渐进的转变方式，从而避免了冲击和震动对经济的巨大影响。同时，采取让新货币与美元挂钩的方法，也大大消除了通货膨胀短期反弹的机制。

第二，在反通货膨胀的内容上，将紧缩政策和各项改革措施紧密结合起来，加大实施方案的广度和深度。以往的反通货膨胀主要是采取"电击疗法"，使通货膨胀率在一夜之间消失，无法解决经济的深层次矛盾，因此失败。"雷亚尔计划"则既注重治理眼前过高的通货膨胀，又通过实施"双紧"的财政政策，以减少通货膨胀，同时更关注治理产生通货膨胀的根本因素，推出了许多改革措施，争取从制度上消除产生通货膨胀的条件，这是实现反通货膨胀完全成功的一种新方法。

第三，反通货膨胀措施，更多采用公开市场方式。以前的反通货膨胀措施主要都立足于国内市场，大多数是政府在封闭国内市场的情况下进行。而"雷亚尔计划"则是主动通过有限度地放宽汇率监管和外贸进口管制，开放国内市场，最终达到有效抑制国内物价水平的目的。这也表明，巴西反通货膨胀的能力已经提高到了一个新的水平。

"雷亚尔计划"实施之后，巴西的经济形势逐步好转，由 20 世纪 80 年代大起大落的经济增长率逐渐恢复到 20 世纪 90 年代的 2%，在 1994 年之前一直保持在 2.5% 左右。巴西的经济增长主要依赖于丰富的劳动力资源。20 世纪 80 年代初，巴西经济全要素生产率中，劳动贡献高于资本贡献。其中最高的时期是 1986 年，劳动对经济增长的贡献达到 5% 左右，而资本贡献率约为 2.5%。从 1986 年开始，资本在经济增长中的贡献逐渐下降，劳动的贡献在 2000 年之前也表现下降趋势，此后逐渐上升。也正是这个时期，经济增长率从 2% 左右逐渐上升到 2008 年的 4% 左右。在这期间，"雷亚尔计划"显现出了如下成效。

第一，摆脱了通货膨胀。自 1994 年"雷亚尔计划"实施之后，巴西经济的一个典型结果就是通货膨胀得到有效抑制，通货膨胀率从 1994 年 7 月的 47% 下降至 2000 年 3 月的 0.22%，这对经受通货膨胀之苦的巴西来讲，无疑是一个极大的鼓励。

第二，有效控制了汇率。巴西中央银行通过控制日益膨胀的国内需求，采用提升利率的办法，使货币回流，使国内货币雷亚尔的名义价值恢复到其真实价值，此项政策受到国内的赞扬。一年后随着新货币的发行，巴西的有效汇率已升值近 25%，对巴西出口带来明显的影响。

第三，捍卫了本国货币的地位。由于"雷亚尔计划"实施效果明显使巴西经济得到较快的回暖，但是巴西经济也受到 1997 年 10 月的亚洲金融危机较大的影响，巴西真实利率由 1997 年 9 月的 20% 增长到 10 月的 45% 左右。到 1998 年，受俄罗斯危机的影响，经济情况又一次严峻起来。与此对应的是巴西的金融风险日益严峻，于是巴西展开了"捍卫货币"的活动，竭力降低巴西的金融风险。但是情况并没有得到预期的好转。到 1999 年，货币风暴最终演化成为一场危机，这场危机在巴西的资产负债上表现强势，其根源在于巴西的资产主要由国有企业和公共部门所控制，而私营企业缺乏资金。因此，政府部门开始提供货币储备来对冲美元（巴西国债与美元挂钩，但在本国结算是采用巴西雷亚尔，这造成了国际游资大量进入巴西，热炒雷亚尔），使国内经济部门避免危机的冲击，幸运的是，这场货币危机没有演化为金融危机。

第四，进行了公共部门的改革。由于国有部门在经济社会部门中所占比重过大，巴西改革公共部门和国有企业，将资产负债逐渐由公共部门转移到私营部门，避免财富错位。改革的效果十分显著，国有企业逐渐由 1997 年的 6.1% 降低到 2003 年的 3.3%（占 GDP 的比重）。国有企业的债务也由 1997 年占 GDP 的 6.1% 下降到 2003 年的 3.3%。

四、"雷亚尔计划"的隐患

"雷亚尔计划"在实施前期取得了一定成效，但是巴西政府采取的诸多针对性措施也同样存在隐患，而这些隐患很可能最终导致高通货膨胀的反复，进一步恶化巴西国内的经济形势。

第一，政府财政收支失衡的隐患。卡多佐及其领导的财政部门为使政府财政收支尽快达到平衡，采取了许多非常规措施。例如在财政收入方面，设置"紧急社会基金"，基金归巴西联邦政府管理和支配，用于控制预算；再如对过往银行业务的支票收税，但是遭到了银行部门及相关业务部门的强烈反对。在财政支出方面，巴西政府面临国内高贫困率和高失业率以及医疗卫生方面的问题，这些问题的解决都需要大量的资金。所以财政收入渠道的匮乏使财政支出面临巨大缺口，给政府财政平衡的预期目标形成了巨大压力。"雷亚尔计划"实施的中后期，巴西国家财政总储备的大幅减少也说明了其财政收支的失衡。

表 7.1　1995－2000 年巴西国家财政储备额

年份	1995	1996	1997	1998	1999	2000
财政总储备（亿美元）	514	597	517	439	363	330

数据来源：世界银行网站 http://data.worldbank.org/。

第二，国内维持长时间高利率政策带来的隐患。"雷亚尔计划"中很重要的一个环节就是严格控制货币发行量，试图通过减少市场上流通的货币量来抑制高通货膨胀。此外，较高的利率可以提高银行吸收储蓄能力，公众在经济环境不好的情况下，将手中闲置的资金存进银行也不失为一种很好的投资保值方式。但是高利率也产生了负面效果，1994 年巴西商业银行利率达到了 26%，预期还将继续调高利率。一方面，在国内生产领域，高利率也代表了高贷款成本，最高达到 86%，企业生产成本因此增多，进而将增加的成本转嫁到商品上，商品价格的上涨又进一步导致通货膨胀加剧。另一方面，在外贸领域，雷亚尔的高币值及其在国际市场上较强的竞争力，导致巴西外贸出现逆差，长期下去势必会严重影响巴西的国际收支平衡。

第三，国际短期投机资本带来的风险隐患。巴西在摆脱 20 世纪 80 年代"迷失的十年"后，20 世纪 90 年代国内经济形势好转，国内基础设施建设以及金融部门都取得了很大发展，流入巴西的外资也不断增加。特别是巴西国内证券行业的繁荣吸引了大量投机资本。1993 年流入股市的外资达到 150 亿美元，约占全年外资流入的 46%。另外巴西发行的国债、企业债利率也较高，流入这些产品的外资也占很大的比例，而流入生产部门的外资不到 10 亿美元。虽然外资的大量流入使巴西外汇储备余额迅速增加，但是巴西也要为流入的外资支付等量的本国货币。并且由于外汇占款产生的本国货币又流入国内市场，国内通货膨胀再度加剧。"雷亚尔计划"的实施虽然在货币领域取得短暂成功，但是并没有从根本上改变国内经济结构。市场利率不断提高，以维持币值稳定和继续吸引外资。然而巴西政府为了减少市场上过量的货币，不得不通过发行高利率的公债来回笼资金，公债的大量发行又增加了政府内债，更加恶化了政府财政收支。此外，流入巴西的外资很大部分进入了金融部门，国际社会或者巴西国内一旦发生系统性风险，外资便可能短期内撤离，很容易引发金融危机。

以上总结的三个方面的隐患在"雷亚尔计划"实施后期逐渐显现，巴西国内的通货膨胀大有重新出现的趋势。上文在论述"雷亚尔计划"主要特征时已提到巴西经济出现的恶性循环，即巴西政府试图靠大量引入美元来抑制通货膨胀，所以采取钉住美元的汇率政策，而"雷亚尔计划"货币挂钩政策的基础来自于钉住美元的汇率挂钩政策，只有维持高利率才能不断吸引外资的流入，外资的持续流入仅仅在一定程度上弥补了贸易方面的经常项目逆差。面对贸易逆差和政府财政赤字，政府不得不寄希望于吸引更多的国际投机资本，因此便想方设法积聚更多的美元，大幅上调国内公债利率，国内债务的扩大进而恶化了政府财政平衡。1997 年巴西内债已经积累到很高的规模，货币雷亚尔也面临很高的贬值压力。中央银行为避免外资大量撤离和阻止雷亚尔贬值，将基准利率调高至 45%。但是"雷亚尔计划"的钉住美元汇率政策无法扭转贸易逆差，国际收支及政府财政的持续恶化积聚了大量风险。

五、"雷亚尔计划"的失败

1994 年 6 月，卡多佐总统提出了一个"雷亚尔计划"，以稳定货币，遏制高达三位数的通货膨胀。在过去四年中，该计划稳定了货币，年通货膨胀率下降到不到 10%，经济增长率连续 3 年在 4% 左右，但 1991－1997年，平均年增长率仅为 2.8%，比整个地区 3.5% 的平均增长率低 0.7 个百分点，巴西大多数人的生活水平已经有一定程度的提高。然而，"雷亚尔计划"实质上是依靠大量借贷和出售家庭财产来实现稳定和繁荣，它只能是临时性的。为了借贷，卡多佐将利率提高到约 30%，雷亚尔对美元的币值被高估了 30%。与此同时，政府不惜将关系到巴西独立和安全的国有通信产业、石油产业等统统卖给外国财团。虽然货币稳定，市场繁荣，但实体经济被扼杀，国家破产了。

1995 年，巴西赢得了世界上最高利率的声誉。1998 年春季，国债利率为 30%，1998 年巴西支付了 120 亿美元的债务利息。在高利率下，原来在工业和农业生产中流通循环的资本都流向国债和银行。不到 3 年的时间，成千上万的生产性企业倒闭，比重高达 31%。失业率逐年增加，到 1998年底，圣保罗的失业率已达到创历史纪录的 8% 以上，非官方统计的失业率被认为会超过 20%。大多数巴西人通过融入非正式经济来保证自己在紧缩的就业市场上生存下去。他们通过给人擦皮鞋、卖小商品和洗车维持生计。一些估计数据表明，40% 的巴西工人的收入来自非正式经济部门。高利率、高汇率和放松贸易管制相结合导致巴西贸易逆差大幅增加。在 1993年和 1994 年通货膨胀率高达三位数的情况下，巴西的贸易顺差超过 100 亿美元，到 1997 年，逆差超过 90 亿美元，同时支付超过 100 亿美元的外债利息。因此，1993 年和 1994 年几乎平衡的经常账户继续下降，到 1997 年出现 338 亿美元的赤字。

由于贸易逆差大幅增加，国内企业破产，经济增长来自何方？所谓的经济增长实际上是消费增长，是泡沫消费的增长。高利率政策一方面大幅增加国债，另一方面使债务持有人的消费能力增加，高汇率政策也有同样的效果。虽然出口已经下降，而相同数量的雷亚尔可以购买更多的进口消费品。1996 年 1 月至 1997 年 11 月，金融部门对私人部门的信贷额在"雷亚尔计划"方案的 20 个月中增加了 27%，个人增加了 152%。1994 年 9 月至 1997 年 11 月，金融体系的不良贷款从 120 亿雷亚尔增加到 570 亿雷亚尔。工业不良贷款增长 33%，贸易增长 38%，农村增长 44%，个人增长 59%，这意味着消费泡沫已经接近破灭。

"雷亚尔计划"的另一个更危险的措施是出售国有资产。1998 年 7 月 29 日，巴西电信系统最后一次公司拍卖结束，总价为 220 亿雷亚尔。西班牙电话公司购买了巴西最大的固定电话公司——圣保罗电信公司和东南移动电话公司和东部移动电话公司；美国微波通信公司购买了巴西电话公司。类似的国有企业或民族企业拍卖活动浪潮汹涌，连国有石油公司也不例外。这实际上导致了大量巴西国有土地和资源的流失。

1995 年 12 月底，巴西的国内公债为 1,080 亿雷亚尔，1998 年底将增加到 3,440 亿雷亚尔（约合 2,915 亿美元），即 52.4% 的增长率。国内债务占 GNP 的比重约为 34%。然而，问题不仅在于债务的规模，而且在于债务的组成。内部债务利息的 60% 是以"期末固定"的方式计入的。"期末固定"是债券利息不是按照存入时的银行利率计算，而是按照到期时的银行利率计算的。如 1996 年 12 月，购买一年期国库券 100 雷亚尔，当银行利率为 20% 时，按照惯例，国库利率略高于银行利率，假设设定为 22%；如果采取"期末固定"利率，利率在购买债券时是不确定的，要参考银行 1 年后的利率计息。当 1997 年 12 月银行利率为 30% 时，最后 100 雷亚尔的国债将能够获得超过 130 雷亚尔的本金和利息。不幸的是，为了防止资本外逃，巴西的银行利率一直在上升。仅归还 3,440 亿雷亚尔国债的本金，每周就需要支付约 70 亿雷亚尔，更不用说高额的"期末固定"利率。

外债增长快于国内债务。1995－1997 年，官方的外债统计额从 1,590 亿美元增加到 1,930 亿美元，其中 354 亿美元是短期外债，1998 年飙升到 2,500 亿美元。然而，问题并没有结束。1997 年底，至少 350 亿美元的国内债务被认为是政府债务，是以美元名义发行的债券，就是所谓的国家财政票据 D 系列，实际上是外债。此外，在巴西设有分支机构的外国银行可以按照国际清算银行的规定直接向巴西国内市场放贷。直接外币贷款高达

400 亿美元，这其实又是一笔外债。换句话说，到 1997 年底，巴西的实际外债额高达 2,680 亿美元，但也可能更大，因为政府已经用了很多手段来减少官方对外公布的数字，可见"隐性债务"对任何政府都是极为可怕的。

"雷亚尔计划"在自身的压力下失败了：内债和外债导致的高利率、急剧上升的财政赤字、不可承受的对外收支不平衡、在私有化方面的猛烈争夺和全球性商品倾销对出口的巨大压力。

六、金融体系重建

在受到 1994 年墨西哥金融危机冲击之后，巴西政府首先对金融机构进行了重大改革。金融体制的重建过程主要带来了三个方面的变化：银行数量减少，公共部门存在规模变小，外国银行参与程度增加。制定的主要政策有"鼓励重建和加强国家金融体系的计划"（PROER）、"鼓励减少州一级在银行业作用的计划"（PROES）以及"加强联邦金融机构的计划"（PROEF）。

1994－1998 年，卡多佐政府为银行系统提供了相当于国内生产总值的 4％的资金。此外，政府还通过降低外国银行进入巴西市场的门槛，鼓励银行合并和收购，清算一些无法生存的银行，将资本充足率提高到 11％（巴西于 1994 年开始接受《巴塞尔协议》），为个人储户创造低于 2 万雷亚尔的存款担保等措施来帮助调整银行体系。根据卡多佐政府颁布的《加强和改革全国金融体系的计划》，1994－1998 年，62 家银行的控股权变更，77 家银行被兼并清算。与此同时，共有 21 家外国银行进入巴西，外国银行总数达到 58 家，外资银行分行的数量从 446 家扩大到 2,142 家。外国银行资产在巴西银行总资产中的份额从 1994 年 6 月的 9.5％上升到 1999 年 6 月的 18.7％。应当指出，外国银行给巴西带来的不仅是资本，而且是先进的管理技能和经营技巧。使巴西 1999 年初能够有抵御货币危机的能力，以避免更严重的金融危机，这也与该时期金融体制改革带来的相对稳健的银行体系有关。

第三节　目前金融改革新进展

2001 年 9 月 4 日，世界银行给巴西批准了一笔 1,446 万美元的金融部门技术援助贷款。这笔贷款的主要目的是支持机构能力的发展以协助巴西金融部门改革项目的顺利实施。巴西金融部门改革项目包括：（1）采取措施提高金融中介的效率、拓宽享受金融服务的范围；（2）通过改革提高金融体系的透明度和对银行体系与证券市场监管的有效性；（3）逐步夯实基础、防范金融危机。这笔技术援助贷款也支持巴西中央银行和巴西证券交易委员会（CVM）这两个机构能力的长期发展，因为它们是负责改革项目设计和执行的主要金融监管机构。

之后，巴西金融市场采取的措施主要有以下几个方面。

信贷市场：（1）对组建面向小商业的金融公司进行立法；（2）为农业部门开发新的信贷工具以提高流动性和安全性；（3）提高金融机构向专业证券融资公司进行信贷转移的灵活性；（4）设立应收款项的投资基金；（5）开发信贷衍生品以便保值收益率；（6）证券交易操作和信贷转移免征金融交易税（CPMF）。

资本市场：（1）出台新的公司法，相比其他措施而言，加强了小股东的权利，提高了透明度和监管力度；（2）通过给予委员会更加独立的、确定的授权，加强巴西证券交易委员会的地位；（3）为规定利用外国资源的共有基金投资于新生商业而设立新法；（4）股票交易免征金融交易税等。

深化金融和资本市场的系列举措：（1）通过电子方式开放与银行的账户和交易；（2）采取措施促进银行业关联网络的拓展；（3）国库券通过互联网销售；（4）扶植为有价证券投资中介服务的有自主权的代理人；等等。

改革汇率，控制通货膨胀。1999 年货币危机之后，巴西政府放弃了钉住汇率制度，采取措施控制通货膨胀。

健全债务管理。由于措施得当，巴西的债务状况有所好转（见图 7.2）。自 2004 年以来，每年都有大约占 GDP 的 4% 的财政盈余，最高时

2005 年达到 GDP 的 4.4%。与此同时，政府净债务持续下降，从 2004 年相当于 GDP 的 47% 下降到 2008 年的 39.1%，年均下降 17%，政府的债务得到大大缓解。

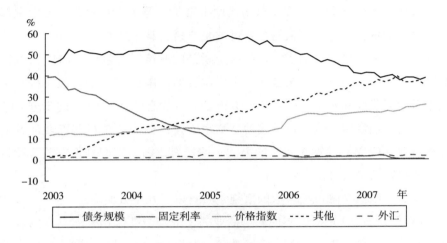

图 7.2　巴西公共债务概况

增加外汇储备，减少外债。由于经济增长率高和世界经济快速增长，巴西的外汇储备大幅增加。巴西的外汇储备在 2000 年仅为 330 亿美元，自 2000 年之后一直保持高速增长。2008 年巴西外汇储备激增至 2,040 亿美元，缓解了巴西经济发展的外部风险。随着外汇储备增长，巴西的外债也从 2004 年的 2,010 亿美元下降到 2005 年的 1,690 亿美元，然后缓慢增长。虽然 2008 年巴西的外债达到 2,020 亿美元，但由于巴西的经济规模和外汇储备大幅增长，使外债比重大幅度下降。外部环境进一步优化，外部风险降低，为巴西的经济增长奠定了良好的基础。例如，自 2002 年以来，巴西加强了流动性建设，打击国际投机，控制金融市场，避免金融市场的大幅波动，为经济和社会发展创造有利的金融环境。

外部融资环境改善。随着经济发展环境的逐渐改善，巴西的经常项目赤字占 GDP 的比重逐渐缓慢下降，从 2008 年 1 月的 2.7% 逐渐下降到 2009 年 10 月的 2.4%。经常项目赤字的好转，使外商直接投资规模增长很快，其占 GDP 的比重由 2008 年 1 月的 0.2% 上升到 2009 年 10 月的 1.0%。该比重在 2008 年 12 月高达 1.8% 左右，位居世界前列。与此同时，巴西的国内投资环境得到进一步改善，投资级别由 1989 年 10 月的 B2 级上升到 2009 年 9 月的 Baa3 级，投资环境上了一个较大的台阶。

2008 年国际金融危机之后新兴市场国家特别是"金砖四国"经济的复苏态势十分强势，甚至成为了拉动全球经济增长的核心力量。人称"美洲豹"的巴西经济在这一极其活跃的经济阵营中，表现得格外亮丽，而且从动态来看，巴西经济未来还将继续保持持续增长状态。因此，三大评级机构一致看好巴西。

2007－2008 年的国际金融危机，对巴西经济必定有所影响，但影响程度不同。首先要看金融危机的传递机制才能了解金融危机对巴西经济的影响。金融危机的传递主要是通过三种途径进行传递的：第一是金融危机引起房地产危机，这是一种从内部和外部两个方面对经济产生影响的危机；第二是对外贸易，对外贸易首先引起商品价格变动，进而引起贸易量的变化，从而对生产产生影响；第三是资本外流、金融传递、外汇贬值，从而使企业资产负债表非正常变动。尽管如此，经济增长的关键依然是国内经济，特别是国内需求的变动。分析指出，国内需求推动巴西 GDP 中 60% 的增长。2009 年其他传递因素对巴西的经济增长也有所影响，而不仅仅是外贸平衡。从巴西经济增长的结果来看，国内需求的影响非常大，但净出口的影响最高年份也没有超过 25%，平均为 10%。由此可见，调动国内需求是在金融危机爆发时十分重要。

目前的银行贷款约占巴西 GDP 的 41%，而在银行贷款中，家庭和企业所占份额相对比较低，其中家庭贷款约占 5%。在最近的四年里，信贷总额约增加 GDP 的 1/16，增长速度十分惊人，但利用水平相对较低。这可以通过贷款占 GDP 的比重来说明。即使利率水平相对较低，但贷款占 GDP 的比重仅有 41%，也从另一方面说明巴西的资金相对充裕，资金空间较大。其债务负担远远低于英国、美国、德国和中国等，在世界大国格局中名列前茅。从房地产危机传递的渠道来看，2008 年 9 月，房地产市场的资金大约为 6,200 亿美元，其中主要是国内资金，而外部资金仅 970 亿美元左右。但现在这种情况彻底改变，外部资金所占比重大大增加，而国内资金所占比重严重下降。

　　数据显示，2003 年至 2010 年底，巴西经济累计增长了 37.3%，是第一批脱离经济衰退的国家。特别是 2010 年，巴西的经济增长率达到了 7.5%，创下自 1986 年以来的最高，而且国内生产总值第一次超过 2 万亿美元。进入 2011 年以来，巴西经济继续持续增长，耀眼的经济基本面令国外资本纷至沓来。根据最新数据，2011 年前 4 个月外国对巴西的直接投资达到 229.85 亿美元，比上年同期的 78.8 亿美元几乎增长了近 3 倍，相当于 2010 年全年投资额（484.62 亿美元）的一半，并且达到了政府预计的 2011 年全年吸引外国直接投资（550 亿美元）的 42%。作为经济改善的另一个标志性成果，巴西的外汇储备日益丰盛，其抵御金融风险的能力日益增强。资料显示，2001 年巴西负债占 GDP 的 55%，而 2010 年这个数字已降为 40%。与此同时，巴西还一举从债务国变成债权国，成为国际货币基金组织的十大股东国之一。

　　但与其他新兴市场体一样，巴西面临着后危机时代一系列复杂的疑难杂症。一方面，国际大宗商品和能源价格继续上涨影响，巴西遭受了进口通货膨胀的影响，另一方面，由于美元贬值和人民币升值的影响，巴西承受着贸易赤字上升的巨大压力。资料显示，自 2010 年以来，雷亚尔对美元已升值近 45%，而 2011 年前 4 个月，巴西经常项目赤字达到创纪录的 181.19 亿美元，同比增长 9.4%。此外，为抑制金融危机而出台的经济刺激计划使巴西的财政开支迅猛增长，其预算赤字达到国内生产总值的 2.85%，公共财政透支的压力十分明显。在 2014 年经济仅增长 0.15% 之后，2015 年巴西经济衰退了 4.08%。这是自 1990 年以来巴西经济表现最糟糕的一年。巴西中央银行使用的是巴西经济活动指数（IBC－Br），它是由巴西中央银行设立的用于预测国内生产总值变化趋势的指数。巴西中央银行的这一统计结果，比金融市场估计的 −3.71% 还要差。鉴于经济表现持续不好，国际评级机构标准普尔 2016 年 2 月 17 日再次下调了巴西的主权债务评级，从 BB＋级降至 BB 级，评级展望为"负面"。目前，在国际三大评级机构中，只有穆迪公司还保持着对巴西的投资级别。

　　2017 年 8 月 31 日，巴西总统特梅尔到访中国。就在其到访一周前，巴西政府公布了对 57 个国家控股部门进行私有化改造的计划。舆论普遍认为，特梅尔此行一大重要目标是为巴西国有企业私营化的进程寻求中资投入。《里约时报》报道称，特梅尔及其内阁团队试图说服中国的投资者投资巴西的基础设施项目，尤其是在能源、机场以及港口方面。《金融时报》指出，特梅尔及其经济团队确实在稳定巴西经济问题上取得了重要进展，私有化驱动计划是特梅尔继续维持经济稳定的一个举措。

应当肯定，近十年的经济改革与转型为巴西经济的继续扩张做好了铺垫，同时适时推出的宏观调控政策也在不断创造经济增长的外在条件。但是，历史问题的遗留和现实因素的约束又必然使未来巴西经济前行的脚步不会十分轻松。

参考文献

[1] 艾丽西亚·希龙，黄志龙. 银行业兼并和超级并购：阿根廷、巴西和墨西哥 [J]. 拉丁美洲研究，2009（1）：58－65.

[2] 白维军，王奕君. 巴西缩小贫富差距的做法及启示 [J]. 经济纵横，2012（3）：88－91.

[3] 贝尔. 巴西经济：增长与发展 [M]. 北京：石油工业出版社，2014.

[4] 蔡志刚，孟宪强. 基于金砖国家数据的证券市场开放对资本成本影响的实证分析 [J]. 上海金融，2013（5）：9－13，116.

[5] 柴瑜. 经济发展——巴西 [M]. 北京：科学出版社，2001.

[6] 陈晗. 金砖国家衍生品市场发展路径选择与启示 [J]. 清华金融评论，2014（1）：88－91.

[7] 陈红辉，赵正堂. 新兴市场国家通货膨胀定标的实践及启示——以巴西为例 [J]. 特区经济，2005（1）：105－106.

[8] 陈婉霞. 后金融危机时代国际金融监管新变化与思考 [J]. 时代金融，2013（35）：120－121.

[9] 陈威华，赵焱. 巴西市场冷门股票涨势凶 [N]. 中国证券报，2009－11－19（A07）.

[10] 陈晓峰. 巴西农业保险发展经验及其对中国的启示 [N]. 中国保险报，2009－12－23（002）.

[11] 陈晓刚. "金砖四国"基金风景正好 [N]. 中国证券报，2006－08－19（A04）.

[12] 戴维森. 巴西的经验 [M]. 北京：机械工业出版社，2013.

[13] 董德志. 从巴西没落和印度崛起看新兴市场分化 [N]. 证券时报，2015－04－11（A03）.

［14］董祎．巴西如何引进外资银行［J］．银行家，2006（4）：7，105－109．

［15］方丽．金砖四国基金的差异化投资［J］．理财，2014（9）：50－51．

［16］方南．南方基金：金砖四国"掘金"正当时［N］．证券时报，2010－11－08（B08）．

［17］房连泉．20 世纪 90 年代以来巴西社会保障制度改革探析［J］．拉丁美洲研究，2009（2）：31－36，62，79．

［18］冯琬娟，贾知青．四大新兴市场债券投资潜力分析［J］．债券，2012（1）：72－76．

［19］赴三国医疗保险制度考察团．巴西、阿根廷、墨西哥医疗保险制度考察［J］．中国卫生经济，1989（2）：59－64．

［20］高建宁．公开市场操作及在我国的实践［J］．江苏社会科学，2000（2）：95－98．

［21］高彦雯（宝成期货）．期货市场崛起的新兴力量［N］．期货日报，2015－06－16（003）．

［22］辜毅．企业年金治理及其风险控制研究［D］．成都：西南财经大学，2011．

［23］广发期货彭云．巴西——国际期权市场的主力军［N］．期货日报，2013－12－03（004）．

［24］郭可为．巴西财政与货币政策未来走向［N］．中国财经报，2014－07－10（008）．

［25］郭乃幸．基于货币与基本面变量的股价行为模型研究［D］．上海：上海交通大学，2009．

［26］韩国、巴西世行项目考察团．巴西结售汇制度的"放"与"持"［J］．中国外汇管理，2005（7）：16－17．

［27］何海红．投资金砖四国的新基金［N］．中国证券报，2007－12－01（A11）．

［28］何迎新．巴西资本账户开放实践及对我国的启示［J］．湖南财政

经济学院学报，2013（6）：63－68．

　　［29］洪燚．政府监管农村信用社所存在的难题与对策研究［D］．湘潭：湘潭大学，2010．

　　［30］黄蕙．银行市场约束机制研究［D］．上海：复旦大学，2006．

　　［31］黄宪，熊福平．外资银行在中国发展的经营动机和经营策略分析［J］．金融研究，2005（2）：82－93．

　　［32］季剑军．主要大国货币政策走势和未来调整方向［J］．国际贸易，2015（11）：60－61．

　　［33］季勇，廖慧．全球金融市场的溢出效应、溢出指数与资本管制［J］．上海金融，2015（1）：59－64．

　　［34］见习记者郑焰．投资界新宠儿：金砖四国基金［N］．上海证券报，2007－10－22（C11）．

　　［35］江时学．巴西的财政货币政策［J］．拉丁美洲研究，2007（3）：3－6，79．

　　［36］姜蕾．金砖五国股票市场间的动态相依特征研究［D］．济南：山东大学，2015．

　　［37］靳尔刚．巴西、古巴的社会保障制度及启示［J］．中国民政，2004（2）：26－27．

　　［38］孔萌萌．金融监管体系演进轨迹：国际经验及启示［J］．改革，2011（12）：59－66．

　　［39］李稻葵，吴舒钰，石锦建，伏霖．后危机时代世界经济格局的板块化及其对中国的挑战［J］．经济学动态，2015（5）：147－160．

　　［40］李宏，刘珅．后危机时代"金砖四国"治理通胀措施的比较［J］．亚太经济，2013（2）：85－91．

　　［41］李克照，沈小军．巴西加快利用证券市场吸收外资的启示［J］．上海金融，1992（7）：1，11－13．

　　［42］李晓广．开放背景下金砖四国证券市场国际化联动的研究［D］．天津：南开大学，2009．

　　［43］林季红，潘竟成．汇率波动与新兴市场国家货币政策规则——

基于巴西、南非和俄罗斯的研究［J］. 国际经贸探索，2015（5）：73 – 85.

［44］刘纪新. 阿根廷的社会保障制度及其改革［J］. 拉丁美洲研究，1994（6）：43 – 49.

［45］刘兰芬，韩立岩. 量化宽松货币政策对新兴市场的溢出效应分析——基于中国和巴西的经验研究［J］. 管理评论，2014（6）：13 – 22.

［46］刘牧晗. 我国农村金融监管体制的法律分析［D］. 北京：中国政法大学，2010.

［47］刘士余，李培育. 巴西的经济改革与政策调整及启示［J］. 管理世界，1995（3）：90 – 93.

［48］刘思跃，叶苹. 不同汇率制度下汇率传递时滞的实证分析——基于中国、日本、巴西、阿根廷四国数据［J］. 经济评论，2011（4）：133 – 139.

［49］刘旺霞. 巴西二战以来反通货膨胀货币政策及启示［J］. 中国集体经济，2009（15）：85 – 86.

［50］罗平. 资本监管制度的顺周期性及其补救方法［J］. 国际金融研究，2009（6）：12 – 15.

［51］吕银春. 巴西社会保险制度及其改革［J］. 拉丁美洲研究，1997（3）：43 – 47.

［52］马德伦. 感悟巴西货币政策——对话巴西央行副行长亚历山大·斯瓦茨曼先生［J］. 银行家，2007（1）：22 – 23.

［53］马德伦. 和巴西央行副行长亚历山大·斯瓦茨曼先生的一段对话［N］. 金融时报，2006 – 04 – 26（001）.

［54］马洪雨. 试析我国农村民间金融监管制度的完善［J］. 科学经济社会，2011（1）：22 – 25，28.

［55］马秋晶. 全球两大再保险巨头欲领跑巴西市场［N］. 第一财经日报，2008 – 07 – 15（B08）.

［56］满向昱，朱曦济，郑志聪. 新兴市场国家外汇储备适度规模研究［J］. 国际金融研究，2012（3）：40 – 47.

［57］孟宪强，魏世红. "金砖国家"证券市场开放进程及其评述

[J]. 亚太经济，2011（6）：93 - 97.

[58] 孟晓，胡根华，吴恒煜. 金砖国家股市相依结构研究——基于藤 Copula - GARCH 方法 [J]. 财会月刊，2013（14）：3 - 6.

[59] 慕丽洁. 巴西雷亚尔今年跌逾30%创12年新低　标普降评级引发200亿美元债券抛售隐忧 [N]. 21 世纪经济报道，2015 - 09 - 15（012）.

[60] 南阳. 巴西的证券市场——现状、问题与对策 [J]. 拉丁美洲研究，2001（2）：26 - 31.

[61] 钮文新. 前车之鉴：巴西"独立的货币政策"代价惨重　中国应保持货币政策松紧的灵活性 [J]. 中国经济周刊，2013（43）：17.

[62] 潘竟成，林季红. 巴西、南非和俄罗斯货币政策规则实证研究 [J]. 经济问题探索，2015（3）：126 - 132.

[63] 钱丽霞，盛宝莲. 巴西期货交易所风险管理模式及其启示 [J]. 生产力研究，2008（23）：110 - 112.

[64] 盛浩. 市场经济改革背景下的产业政策调整——印度和巴西的实例 [J]. 东南亚纵横，2013（2）：75 - 79.

[65] 斯琴图雅. 金砖四国资本项目货币可兑换研究 [D]. 上海：复旦大学，2011.

[66] 宋丽智，胡宏兵. 美国《多德—弗兰克法案》解读——兼论对我国金融监管的借鉴与启示 [J]. 宏观经济研究，2011（1）：67 - 72.

[67] 宋林峰. 试析通货膨胀对巴西金融改革的影响 [J]. 拉丁美洲研究，1997（3）：16 - 20，65.

[68] 宋元霞. 经济转型时期中国货币政策目标体系的构建 [D]. 上海：上海社会科学院，2006.

[69] 谭璐. 香港拉美基金重仓巴西市场 [N]. 21 世纪经济报道，2007 - 12 - 17（022）.

[70] 谭亚勇，李亚培，颜蕾. 巴西央行成本管理系统建设的经验与启示 [J]. 海南金融，2014（2）：59 - 62.

[71] 汤凌霄，欧阳峣，黄泽先. 国际金融合作视野中的金砖国家开

发银行［J］.中国社会科学，2014（9）：55－74，204.

［72］汤凌霄，欧阳峣，皮飞兵.金砖国家外汇储备波动的协动性及其影响因素［J］.经济研究，2014（1）：112－126.

［73］汤凌霄."金砖四国"金融监管合作平台：依据与政策建议［J］.财政研究，2010（10）：7－11.

［74］唐棣华.巴西外资银行的经营策略［J］.金融与经济，2001（7）：1，25－28.

［75］田天园.拉美养老基金投资基础设施的案例研究及中国启示［D］.成都：西南财经大学，2014.

［76］王春华.巴西、阿根廷的住房保障制度管窥［J］.中国房地产金融，2007（10）：46－48.

［77］王飞，吴缙嘉.中国和巴西经贸关系的现状、机遇与挑战［J］.国际论坛，2014（4）：52－58，80.

［78］王飞.巴西政治经济危机的根源与应对［J］.清华金融评论，2016（7）：105－109.

［79］王刚."金砖四国"金融监管架构的变迁与启示［N］.中国经济时报，2016－06－03（005）.

［80］王健.新兴市场国家外资银行监管模式及国际比较——以波兰、印尼、巴西和中国为例［J］.亚太经济，2010（1）：90－94.

［81］王青.论货币政策的股票市场传导渠道［J］.中国城市经济，2010（11）：80－81.

［82］王宇.巴西退出：一个政策不能同时实现两个目标［N］.中国经济时报，2004－10－11.

［83］王宇.一个政策不能同时达到两个目标——巴西退出钉住汇率制度的经验教训［J］.中国金融，2005（15）：61－62.

［84］王宙洁."债王"大卖新兴市场债券CDS首推巴西中国［N］.上海证券报，2010－03－04（F07）.

［85］韦志华，郭海.中国货币政策传导渠道效应分析［J］.金融发展评论，2013（1）：99－105.

［86］魏鹏．巴西资本项目可兑换的经验及对中国的启示［J］．黑龙江金融，2014（4）：29－31.

［87］温博慧．发展中国家外汇期货的推出对即期汇率波动的冲击效应——基于巴西外汇市场的实证分析［J］．拉丁美洲研究，2009（6）：24－27，79－80.

［88］温信祥．银行资本监管顺周期性及其对经济波动的影响［J］．经济问题探索，2006（4）：7－12.

［89］温振华，孟宪强，张碧琼．金砖国家证券市场开放度研究［J］．当代财经，2011（12）：41－53.

［90］吴东，孟宪强．金砖国家证券市场开放与经济增长［J］．上海金融，2013（1）：82－90，118.

［91］吴国平，王飞．巴西货币政策的两难抉择［J］．中国金融，2015（6）：68－69.

［92］西岛章次，汪慕恒．巴西的货币危机及其影响［J］．经济资料译丛，2000（4）：51－53.

［93］谢丹，任秋宇．巴西等五国金融监管改革情况［J］．金融发展评论，2014（4）：39－41.

［94］谢仍明，马亚西．利率市场化改革：巴西、印度的经验［J］．银行家，2013（5）：69－71.

［95］辛子．巴西外汇期货市场在实体企业避险中的角色研究［N］．期货日报，2012－04－23（004）.

［96］新湖期货研究所．巴西的期货市场（二）［N］．期货日报，2010－07－01（004）.

［97］新湖期货研究所．巴西的期货市场［N］．期货日报，2010－06－29（004）.

［98］熊启跃，易晓溦．国际大型银行巴西市场策略调整及启示［J］．银行家，2015（11）：84－86.

［99］熊双双．金砖国家金融监管问题及优化对策研究［D］．南昌：江西师范大学，2016.

［100］许辰．"金砖四国"汇率制度比较研究［D］．上海：上海社会科学院，2012．

［101］闫·克雷格尔，陈涛，沈尤佳．全球金融危机及其对发展中国家和金砖国家的意义——巴西真的算"金砖"吗？［J］．山东社会科学，2016（10）：97－106．

［102］颜蕾．美联储资产负债表政策对新兴经济体的溢出效应研究——以巴西为例［J］．海南金融，2015（10）：63－68

［103］阳映红．巴西保险市场限制规则让风险管理者头痛［N］．中国保险报，2014－07－03（007）．

［104］杨承亮．中拉基金首单选择三峡集团［N］．中国电力报，2016－01－08．

［105］杨惠芳，陈才庚．墨西哥和巴西的农村医疗保险制度及其对中国建立农村新型合作医疗制度的几点启示［J］．拉丁美洲研究，2004（5）：50－53，58－64．

［106］杨立民．巴西成功发行10亿美元全球债券［N］．人民日报，2003－05－01．

［107］杨柳．货币政策规则及其在中国的适用性研究［D］．武汉：华中科技大学，2013．

［108］杨燕青．专访巴西央行行长通比尼：政策明晰性降低美联储加息风险［N］．第一财经日报，2015－03－05（A16）．

［109］姚波．巴西金融与资本市场协会董事 Pedro Bastos：巴西高度重视基金监管［N］．证券时报，2011－12－03（A03）．

［110］郑州商品交易所期货及衍生品研究所有限公司．国外主要期货交易所收入结构分析及启示［N］．期货日报，2015－09－16（003）．

［111］姚余栋，张文．巴西的外汇管理［J］．中国金融，2012（12）：64－66．

［112］易金平．后危机时代国际金融监管改革新发展及其启示［J］．特区经济，2011（5）：106－107．

［113］殷赅．巴西6600亿美元基金将奔涌国际投资市场［N］．第一

财经日报，2008 - 02 - 22（A04）．

[114] 于李娜，谢怀筑．货币政策溢出效应：成因、影响与对策
[J]．中国社会科学院研究生院学报，2011（1）：51 - 57．

[115] 于焘华．日益国际化的巴西期货市场 [N]．期货日报，2007 -
03 - 29（004）．

[116] 于晓雯．金砖国家股票市场成长性比较研究 [D]．济南：山东
财经大学，2013．

[117] 袁春．巴西证券市场及其对中国的启迪 [J]．经济科学，1993
（2）：66 - 70．

[118] 张搏．我国货币政策传导机制和货币政策中介目标选择研究
[D]．武汉：华中科技大学，2011．

[119] 张金城．顺周期下的我国银行资本监管有效性分析与改进路径
[J]．黑龙江金融，2011（1）：29 - 32．

[120] 张金萍，杜冬云．金砖国家股票市场联动性探讨 [J]．商业时
代，2011（29）：61 - 63．

[121] 张延良，刘桂英，胡超．金砖国家股票市场有效性比较研究
[J]．经济论坛，2013（1）：96 - 102．

[122] 张永锡，徐玉德．巴西应对金融危机的财政货币政策及未来取
向 [J]．地方财政研究，2010（12）：75 - 80．

[123] 赵冬红．小额贷款公司监管法律问题研究 [D]．北京：北方工
业大学，2011．

[124] 赵峰，高明华．中国证券监管治理的国际经验借鉴与评估体系
重构 [J]．改革，2012（7）：127 - 137．

[125] 赵雪瑾，张卫国，陈雅娜．我国货币市场、股票市场及银行贷
款协调性研究——基于中国、美国、英国、日本、巴西的比较 [J]．华南
理工大学学报（社会科学版），2016（2）：35 - 45．

[126] 赵雪梅．巴西金融业的并购重组及其启示 [J]．拉丁美洲研究，
2004（4）：33 - 36．

[127] 辛子，刘文财．巴西外汇期货市场在实体企业避险中的角色研

究 [N]. 期货日报, 2012 – 04 – 23 (004).

[128] 周志伟. 巴西崛起与世界格局 [M]. 北京：社会科学文献出版社, 2012.

[129] 朱民. 巴西金融动荡：货币危机而非金融危机, 经济压力大于金融冲击 [J]. 国际经济评论, 1999 (Z2)：19 – 20.

[130] 朱欣民. 巴西落后地区的产业开发成效评价 [J]. 拉丁美洲研究, 2005 (4)：51 – 54.

[131] 邹朋飞, 廖进球. 风险竞争、银行效率与监管有效性——"金砖四国"的经验研究与政策建议 [J]. 金融论坛, 2009 (12)：12 – 16.

[132] A. Averbug. The Brazilian Economy in 1994 – 1999：from the Real Plan to Inflation Targets [J]. World Economy, 2002, 25 (7)：925 – 944.

[133] Anjali Kumar. Access to Financial Service in Brazil [Z]. The World Bank, 2005.

[134] Anjali Kumar, Ajai Nair, Adam Parsons, Eduardo Urdapilleta. Expanding Bank Outreach through Retail Partnerships：Correspondent Banking in Brazil [Z]. World Bank Working PAPER, No. 85, 2006.

[135] Fishlow, A. Thirty Years of Combating Inflation in Brazil：from the PAEG (1964) to the Plano Real (1994) [Z]. University of Oxford Center for Brazilian Studies, Working Paper CB – 68 – 05, 2005.

[136] Ibrahim A. Onour. Testing Efficiency Performance of An Underdeveloped Stock Market [M]. Munich：University Library of Munich, 2007.

[137] Inheiro, A. C., Moura, A. The Use of Credit Information in Brazil [Z]. Bank of Development in Brazil Working Paper, 1999.

[138] Gurly J., E. Shaw. Money in a Theory of Finance [M]. Washington：Brookings Institution, 1960.

[139] Kate Lauer, Denise Dias, Michael Tarazi. Bank Agents：Risk Management, Mitigation and Supervision [R]. CGAP Report, December, 2011.

[140] Pinheiro, A. C., Moura, A. Segmentation and the Use of Information in Brazilian Credit Markets [M]. Textos para Discussao 88. in Margaret Miller

（ed. ）Credit Reporting Systems and the International Economy，MIT Press，2002.

[141] Richard W. Sias. Volatility and the Institutional Investor [J]. Financial Analyst Journal，1996 (2) .

[142] Richard Roll. Order Imbalances and Market Efficiency：Evidence from Taiwan Stock Exchange [J]. Journal of Financial and Quantitative Analysis，2004 (2)：39 – 43.